Deutschland auf dem Weg in die Anstalt

Bibliografie
(Auswahl)

Neurologie und Psychiatrie für Heilpraktiker (2004) ●

Anatomie des Psychozirkus (2007) ●

Total Banane oder wie irre ist der Psychoboom wirklich? (2009) ●

Kleines Lexikon psychologischer Irrtümer (2012) ●

Der Ruhestand – das süße Gift (2013) ●

Deutschland auf dem Weg in die Anstalt (2015) ●

Der Autor:

Dr. med. Burkhard Voß (* 1963) studierte von 1985 bis 1991 Medizin in Münster. Anschließend folgte die Ausbildung zum Facharzt für Neurologie und Psychiatrie. Von 2001 bis 2004 leitete Burkhard Voß den Sozialpsychiatrischen Dienst der Stadt Krefeld. Nach Erhalt der Zusatzbezeichnung Psychotherapeut arbeitet er seit 2005 in eigener Praxis als Arzt für Neurologie und Psychiatrie in Krefeld.

Das Leitthema seiner bisherigen Veröffentlichungen ist die Kritik der inflationären Ausweitung des Begriffs der psychischen Krankheit. Ein weiteres zentrales Anliegen ist sein Plädoyer für ein Modell lebenslanger Arbeit angesichts der demographischen Entwicklung.

BURKHARD VOSS

DEUTSCHLAND AUF DEM WEG IN DIE ANSTALT

WIE WIR UNS KAPUTTPSYCHOLOGISIEREN

MIT EINEM VORWORT VON
WOLFGANG CLEMENT

solibro

ISBN 978-3-932927-90-4

1. Auflage 2015 / Originalausgabe
© SOLIBRO® Verlag, Münster 2015
Alle Rechte vorbehalten.

Umschlaggestaltung: *Michael Rühle*
Titelbild: © Depositphotos.com/eugenesergeev
Umschlagbild Rückseite: © Rob Marmion / 123RF
Autorenfoto S. 2: *privat*
Druck und Bindung: *CPI – Ebner & Spiegel, Ulm*
Printed in Germany

FSC
www.fsc.org
MIX
Papier aus ver-
antwortungsvollen
Quellen
FSC® C006701

Bestellen Sie unseren **Newsletter** unter www.solibro.de/newsletter.
Infos vom Solibro Verlag gibt es auch bei **Facebook** und **Twitter**.

verlegt. gefunden. gelesen.   **www.solibro.de**

Das ist das Problem in den heutigen Ehen: Kom-mu-ni-ka-tion.
Zu viel: Kom-mu-ni-ka-tion!

Homer Simpson

Der strenge Code egalitärer Euphemismen dient dazu,
genau die Art von schmerzhaftem, unschönem und manchmal
beleidigendem Diskurs zu unterdrücken, der in pluralistischen
Demokratien zu wirklichen politischen Veränderungen führt.

David Foster Wallace

Danksagung

Vier Menschen haben maßgeblich Anteil am Zustandekommen des Buches. Frau Anna Schwenke, die gründlich lektorierte und dem Text den letzten Schliff gab. Frau Elke Baumgardt, die mit großem Eifer und auch zu ungewöhnlichen Zeiten zahlreiche Ergänzungen und Korrekturen einarbeitete. Herr Uwe Lohberg, der provokative Ideen beitrug. Und, last but not least, Herr Dr. Klaus Kriegel, der Mann mit dem untrüglichen Spürsinn für kulturelle Fehlentwicklungen.

Inhalt

Für Anna

Vorwort

von Wolfgang Clement
Ministerpräsident a. D., Bundesminister a. D.

70 Jahre nach dem 2. Weltkrieg geht es den Menschen in Deutschland so gut wie nie zuvor, sowohl im Vergleich zu anderen Epochen dieses Kontinents, als auch im Vergleich zu den meisten Ländern dieses Globus.

Aber eine wachsende Zahl von Bürgern unseres Landes will die objektiven Verhältnisse offensichtlich nicht mehr wahrhaben. Sie reflektiert in einer Art Endlosschleife die subjektive Befindlichkeit und scheint sich in psychische Krankheitskonzepte wie Burn-out zu flüchten, rennt Gleichheitsutopien hinterher oder braucht für jeden Firlefanz einen Coach. Geht man in einen Buchladen, so ist in den Regalen die Fülle an Psychoratgebern nicht zu übersehen. Doch stimmt wirklich, was dort zu lesen ist? Geht es nur noch um Achtsamkeit, Sensibilität und wertschätzendes Miteinanderumgehen, um die derzeit beliebtesten Psychosprachhülsen zu zitieren?

Definitiv nicht, wie Burkhard Voß, selbst Neurologe und Psychiater, es in diesem Buch analysiert. Der Psychoboom ist eine Sackgasse, er führt uns weg von notwendiger Entscheidungsbereitschaft und tatkräftigem Handeln. Auch ist es schädlich für eine Demokratie, wenn immer mehr Menschen vor allem um sich selbst kreisen. Das ist nur ein Aspekt, doch ein wesentlicher.

Wie es dazu kommen konnte, erklärt der Autor mit klaren Worten in bisweilen polemischem Stil. Wenn das Psychologisieren derart zum Mainstream wird, sind Denkanstöße und Provokationen jedoch durchaus angebracht. Oder um es mit den Worten des Mathematikers und Philosophen Bertrand Russell auszudrücken:

Auch wenn alle einer Meinung sind,
können alle Unrecht haben.

Man muss nicht alle Positionen des Autors teilen – das tue ich auch nicht –, aber seine entschiedene und auch erfrischende Kritik an einer leichtfertigen Übernahme von Trends und Zeitgeistverirrungen kann die öffentliche Diskussion bereichern.

Wolfgang Clement

Einleitung

Ja, es gibt sie, die Krachmacher, die Lauten, die Rüpel, die Handyterroristen, Kampfradler, aggressiven Huper und lethargisch-ignoranten Nichtblinker, dickfelligen Eltern und Hundebesitzer, die ein Restaurant in Nullkommanichts in eine Mischung aus Kita für schwer erziehbare Kinder und Hundezwinger verwandeln. Die glauben, sie dürften alles, bloß weil sie es in ihrem Selbstverwirklichungsplan so ausgebrütet haben. Die ihre Verdauungsphysiologie in botanischen Irrenhäusern, auch Dschungelcamp genannt, lauthals kundtun und dafür – wie selbstverständlich – prämiert werden.

Oder die lautstarken Dauerquassler, Popcorn-Vernichter im Kino, bei denen man sich fragt, warum sie für einen Film bezahlen, der sie offensichtlich überhaupt nicht interessiert. Hauptsache futtern und drauflosquatschen, je weniger es passt, umso besser. Warum überhaupt noch darauf achten, ob etwas passt? Schließlich gilt „was nicht passt, wird passend gemacht" selbstverständlich für den Rüpel mit dem größten Muskel- und dem kleinsten Hirnvolumen. Ja, wir haben sie, die Rüpelrepublik! Mittlerweile gut beschrieben in Büchern wie *Seichtgebiete* von Michael Jürgs oder *Benehmt Euch* von Stephan Gärtner und Jürgen Roth.

Doch immer stärker nervt auch eine seit Jahren stetig größer werdende Gruppe der Gesellschaft, die sich hyperreflexiv und dauersensibel von allem genervt fühlt, sei es Zigarettenqualm, Parfümduft, Kindergeschrei, Klartext, Vogelgezwitscher oder der Ehepartner. Ganz nervig für sie, geradezu die Hölle auf Erden, ist natürlich der Arbeitsplatz, von Burn-out ganz zu schweigen. Auch erklären sie andauernd, warum etwas wann genau nicht geht. Der Grund ist natürlich, dass ihnen das „nicht guttut". Ihre eigene Befindlichkeit ist ihnen sehr wichtig, die der anderen, nun ja, man muss schon Prioritäten setzen. Sowieso scheint sich alles nur noch um subjektives Fühlen und Erleben zu drehen. Wie fühlt sich das an, fühle ich mich da wohl, was macht das mit mir, möchte ich das jetzt wirklich? Das sind wohl die Maximen der Wellness-Ära. Es ist sicher kein Zufall, wenn die Kolumnistin und Bestsellerautorin Amelie Fried, ihres Zeichens Psychologin, von einer „Wohlfühldiktatur" spricht. Unter Psychologen und Therapeuten ist sie mit dieser Meinung aber ganz klar in einer Außenseiterposition. Denn diese stricken in ihrer Ratgeberliteratur die Märchen von Burn-out, Achtsamkeit als Lebenschance und Depression als unvermeidbarem Tribut an die Leistungsgesellschaft ständig weiter. Womit wir bei den psychotherapeutischen Krankheitserfindern sind, die mit immer aberwitzigeren Kreationen (z. B. Gesamtschulphobie) eine ganze Gesellschaft mit System erst durchpsychologisieren und dann psychopathologisieren.

In einer Gesellschaft, in der sich jeder seine Privatwirklichkeit zurecht zimmert und immer größere Gruppen nicht mehr miteinander reden können, wird es immer anstrengender.

Doch dies funktioniert nicht nur in eine Richtung, auch umgekehrt wirken Zeitgeistverirrungen auf die Psychologie ein. Wie postmoderne Philosophie, bei der nur noch subjektive Sichtweisen gelten oder Gender-Mainstreaming, bei dem das natürliche Geschlecht nicht mehr existiert, um nur die wichtigsten zu nennen. Diese reichen auch schon vollkommen aus, um die Normalität Stück für Stück abzutragen. Was das dann für eine Gesellschaft bedeutet, kann noch nicht genau prognostiziert werden. Eines kann man aber schon jetzt sagen: Das Ergebnis wird den Dauerreflexiven und Hypersensiblen ganz bestimmt nicht gefallen. Denn in einer Gesellschaft, in der sich jeder seine Privatwirklichkeit zurecht zimmert und immer größere Gruppen nicht mehr miteinander reden können, wird es immer anstrengender werden.

In eigener Sache

Ein paar Sätze in eigener Sache. Als niedergelassener Nervenarzt könnte meine scharf formulierte Kritik an der Psychotherapie sowie an den
Krankheitserfindern als irritierend erlebt werden.
Es handelt sich aber mitnichten um eine Außen-
seitermeinung, wenn selbst einer der führenden
amerikanischen Psychiater, Alan Francis, dies zum
Thema seines aktuellen Buches, *Normal: Gegen
die Inflation psychiatrischer Diagnosen,* gemacht
hat. Auch in Europa und Deutschland sind viele
Psychiater und Psychologen dieser Auffassung.
Die übertriebene Medikalisierung und Psychiatri-
sierung der Gesellschaft ist Fakt.

Die Psychiatrie ist Teilgebiet der Medizin, über-
schreitet diese aber bei Weitem. Kein anderes Ge-
biet ist so eng mit dem Zeitgeist, den kulturellen
Strömungen und Verirrungen in Wechselwirkung.
An so manche Erkrankung und Hypothese wurde über Jahre geglaubt und musste dann revidiert oder als schlichtweg falsch bezeichnet werden. Exemplarisch sei hier das Sissy-Syndrom
genannt, bei dem besonders aktiven und leicht
untergewichtigen Frauen eine Depression unterstellt wurde. Oder das Konzept der schizophreno-
genen Mutter, das schon seit über 30 Jahren in
der Mottenkiste der Medizinhistorie liegt.

Doch beim rein Nervigen bleibt es nicht. Im übertragenen Sinne ist es wahrlich nicht übertrieben, es als Terror zu bezeichnen, wenn einem in einer vermeintlich freien Gesellschaft gebetsmühlenartig Partialsichtweisen aufgedrängt werden, die einer kritischen Überprüfung nicht nur nicht Stand halten, sondern dann

„Wir müssen unsere Ohren gegen den einschmeichelnden Klang der gesellschaftlichen Phrasen abhärten."

Michel de Montaigne

auch noch als angeblich herrschende Meinung ausgegeben werden, bzw. im medialen Raum einen überproportionalen Stellenwert haben. So machen Homosexuelle ca. 1 % der Bevölkerung aus, ihre sogenannten Outings nehmen jedoch in Presse und Fernsehen einen breiteren Raum ein als Forschungsergebnisse der Nobelpreisträger. Ebenso die Dauerberieselung über die psychologische Betreuung bei Opfern von Naturkatastrophen, Entführungen, Kriegserlebnissen etc., obwohl man genau weiß, dass der weitaus überwiegende Teil auch ohne psychologische Betreuung damit fertig wird (Untersuchungen haben ergeben, dass die Opferangehörigen von 9/11 nach einem Jahr am besten mit dem Verlust umgehen konnten, die KEINE Therapie in Anspruch genommen hatten!). Oder wenn Schicksale von Tieren mit der gleichen Empathie und Detailfreudigkeit in der Boulevardpresse angeprangert werden wie menschliches Leid. Etwas Tyrannisierendes hat auch die Dauerpräsenz der

Themen Patientenverfügung, Tod, Trauer und Sterben. Als wenn das irdische Dasein nicht schon genug Energie und Nerven kosten würde. Natürlich muss man sich am Lebensende damit konfrontieren, aber nicht schon Jahrzehnte vorher. Wie hat es Goethe doch so treffend gesagt: „An's Unabänderliche kein Gedanke, keine Regung."

Was ist Reflexivkultur?

Als Reflexivkultur definiere ich die Überhöhung und kultische Verehrung des reflexiven Denkens, welches die Aufmerksamkeit von der Umwelt auf das eigene Selbst bzw. Subjekt lenkt. Durch das vermehrte Überdenken und Betrachten der subjektiven, innerseelischen Vorgänge soll sich die betreffende Person klar werden über die eigenen Motive, die zu der jeweiligen Handlung führen. Wo „ES" war, soll „ICH" werden, wie die Analytiker zu sagen pflegen. Die unbewussten Triebfedern der Existenz sollen bewusst werden, wozu auch das sich Hineinversetzen in andere Menschen unter Berücksichtigung ihrer Biografie und ihres kulturellen Hintergrundes gehört. Grundsätzlich eine sinnvolle Angelegenheit. Doch auch für nichtstoffliche Vorgänge gilt der Grundsatz des Paracelsus: Die Menge macht das Gift. Auch reflexives Denken kann übertrieben werden. So hört sich ein vertrautes Wort fremd und eigenartig an, wenn man es einige Male hintereinander ausspricht und jeden Buchstaben bzw. Silbe auf ihren Klang prüft. Oder wenn man einen Gegenstand längere Zeit anschaut, gewinnt man plötzlich den Eindruck, dass er sich zu bewegen scheint, was objektiv definitiv nicht der Fall ist. Genauso kann das reflexive Bewusstsein, im Übermaß auf selbstverständliche Lebensprozesse angewandt,

In der Reflexivkultur kann grundsätzlich alles problematisiert werden. Vorzugsweise natürlich die eigene Befindlichkeit.

eine zersetzende Wirkung ausüben, so dass man im wahrsten Sinne des Wortes den Wald vor lauter Bäumen nicht mehr sieht. Zielgerichtetes Handeln wird dann unmöglich. Man verliert den Überblick über das, was man spontan gerne mag oder tun möchte. Das Natürliche und Selbstverständliche wird zu Grabe getragen und künstliche Probleme sprießen hervor. Gender-Mainstreaming ist ein solches. Dazu später mehr. Ebenfalls mit Pseudoproblemen setzt sich die Quantified Self-Bewegung auseinander, deren Anhänger ihre physiologischen Abläufe wie Blutdruck, Puls, Temperatur, Gewicht, Kalorienaufnahme und -verbrauch minutiös katalogisieren und auswerten, um so ihre körperliche Fitness zu optimieren. Wobei sich die Frage aufdrängt, was hieran eigentlich „Bewegung" bedeuten soll, ein Begriff, der bis vor Kurzem noch mit Politik verbunden war. Bei Quantified Self kreisen Neonarzissten um sich selbst, werden gemeinsam nichts bewegen, außer zusätzliches Geld, welches aus den Gesundheitssystemen heraus und in die Therapie ihrer hypochondrischen Befürchtungen hineinfließt. Doch nicht nur sie haben den Bezug zu natürlicher Selbstverständlichkeit verloren. In der Reflexivkultur kann grundsätzlich alles problematisiert werden. Vorzugsweise natürlich die eigene Befindlichkeit.

Aus der Fülle dieser Befindlichkeitsstörungen wachsen die nächsten Kunstpflanzen, die natürlich auch in den Status von psychischen Erkrankungen erhoben werden. Um ihrer Herr zu werden, werden die diagnostischen Kriterien immer weiter abgesenkt. Doch auch was nicht als krank angesehen wird, kann permanent kommuniziert werden, seien es echte oder eingebildete Mängel jedweder Couleur. In der Reflexivkultur geht es nicht mehr um die Hinwendung zur Welt, sondern um Kommunikation als solche, losgelöst von der Lösung. Beispielhaft hierfür ist die Beratungs- und Coachwelle, bei der die Akteure nicht allzu viel tun können und die Klienten, die sich an sie *Das Natürliche und Selbstverständ-* wenden, nicht allzu *liche wird zu Grabe getragen und* viel wissen – oder zu *künstliche Probleme sprießen hervor.* faul sind, sich ihrer eigenen mentalen Fähigkeiten (falls vorhanden) zu bedienen. Kant ist immer noch aktuell. Falls die Beratung nicht zu 100%igem Erfolg führt, was häufig der Fall ist, sieht man sich als traumatisiert an und ist Opfer der Umstände. Der Opferstatus wird zäh verteidigt. In der Losschlag-Kultur geschah Verteidigung noch mit Zähnen und Klauen, in der Reflexivkultur stehen hierfür Advokaten und Therapeuten zur Verfügung.

So sind die partnerschaftlichen Beziehungen, in denen am meisten psychologisiert und reflektiert wird, erfahrungsgemäß die schlechtesten.

Doch es hilft nichts, Europa ist das Staatengebilde mit dem größten Reichtum, den höchsten Sozialabgaben und den längsten Urlauben. Ideale Rahmenbedingungen für einen Rosengarten der Selbstaufmerksamkeit, der durch die Reflexivkultur sorgsam gehegt und gepflegt wird. Bei der Bewältigung der Realität hilft dies jedoch nur bedingt. So erreichten in einem psychologischen Experiment, bei dem es um die Wiedererkennung von Gesichtern ging, diejenigen Testpersonen die höchsten Trefferquoten, die ein Gesicht spontan identifizieren sollten. Diejenigen, die ein Gesicht erst in Worte fassen sollten (was inhaltlich einem Reflektieren nahekommt), schnitten weitaus schlechter ab. Hier schlägt Intuition Sprache. Und nicht nur in diesem Fall. So sind die partnerschaftlichen Beziehungen, in denen am meisten psychologisiert und reflektiert wird, erfahrungsgemäß die schlechtesten.

Fazit:
Wer nicht reflektiert, ist klar im Vorteil.

Die Akteure

Der Durchschnittsbürger mit gesundem Menschenverstand würde sich niemals Konzepte wie das des Gender-Mainstreamings ausdenken oder es mit Betroffenheit und Sensibilität übertreiben. Allerdings ist er auch Konsument der Medien. Insbesondere meinungsführende Politiker, Moderatoren und natürlich Talkshows und deren Gäste suggerieren Glaubenssätze, die nicht nur dank der Autorität sondern auch der charismatischen Ausstrahlung der entsprechenden Personen häufig unkritisch übernommen werden. Rationale Einsicht ist hierbei meist sekundär oder oft mangels logischer Argumentation auch gar nicht möglich.

Zunächst einmal ist es die penetrante Wiederholung auf allen Kanälen, die dazu führt, dass diese Glaubenssätze so wirkmächtig sind. So richtig tief in das kollektive Bewusstsein dringen sie aber durch den innigen Wunsch der Menschen ein, zur Mehrheit gehören und nicht ausgestoßen werden zu wollen. Übrigens wohl ein Hauptgrund für die Beliebtheit von Angela Merkel. Man möchte keinen Liebesentzug von Mutti. Einmal fest im kollektiven Gedächtnis verankert werden diese Glaubenssätze brav befolgt, nicht hinterfragt und ihrerseits gegenüber Dritten eingefordert und dadurch perpetuiert. Natürlich dürfen die, die sie lautstark medial vertreten haben, so schnell nichts Gegenteiliges behaupten. Doch ansonsten können sie auch die absurdesten Thesen „verkaufen", Hauptsache die Emotionen stimmen. Die Summe derartiger Glaubenssätze bildet den Zeitgeist. Um wiedergewählt zu werden, müssen Politiker genau wissen, wie der Zeitgeist gerade tickt und schlüpfen deswegen geschickt in den trendigen Reflexiv- und Betroffenheitsmodus. Stets empathisch und bedenkentragend benutzen sie seit den 80er Jahren des letzten Jahrhunderts das sogenannte Gefühlssprech, sprechen bei Interviews oder in Talkshows von ihren Ängsten, Gefühlen und Befürchtungen. Schön emotional muss es sein. Eine abgeschlossene Berufsausbildung ist nicht unbedingt erforderlich, manchmal reicht es schon, früher mal Managerin einer Punkband gewesen zu sein. Hauptsache die Tränen fließen authentisch.

Das einfache Volk imitiert diese Verhaltensweisen einfach. Die dauerreflexiv-sensibel übersteuerten Zeitgenossen, die studieren, entscheiden sich vorzugsweise für Fächer wie Psychologie, Soziologie, Sozialpädagogik oder Kommunikationswissenschaften um den Zeitgeist produktiv zu nutzen. Bloß nicht Physik, Mathematik oder Ingenieurwissenschaften, dann müsste man sich ja mit realen Fakten auseinandersetzen und streng logisch denken können. Aber sie beherrschen den Gefühlssprech perfekt. Wichtig ist, wie man so drauf ist und worauf man gerade Lust hat. Die sozial und emotional

„Wer Psychologe werden will, braucht selber einen.“

Edmund Stoiber

kompetentesten Akademiker wissen genau wie der Zeitgeist tickt. In Talkshows sind sie mal freudig-erregt, mal gereizt. Ein demonstrativer und appellativer Aspekt ist in jedem Fall dabei. Mit dieser emotional-kommunikativen Grundausstattung sind ihnen die Sympathien der meisten Zuschauer sicher. Und die aktiven Propagandisten der Reflexivkultur wie Politiker, Lobbyisten und Journalisten glauben selbst daran oder nutzen zumindest den Charme der Reflexivkultur für eigenen Machterhalt.

Von nicht zu unterschätzender Wichtigkeit sind auch – selbstverständlich – Psychologen und Therapeuten, die nicht nur Patienten behandeln, sondern bei nahezu jeder Berichterstattung über Unfälle, Geiselnahmen oder Naturkatastrophen als wesentliches Element für die Bewältigung dieser Ereignisse nicht fehlen dürfen. In Endlosschleife wiederholt steht für die Allgemeinheit fest: keine Traumabewältigung ohne Psychologen, denn überall schallt es in den Medien: Die Opfer befinden sich in psychologischer Betreuung. Selbst bei Krimis wird der Zuschauer

Zeuge, wie Kommissare beim Anblick eines Mordopfers anfangen zu weinen. Clint Eastwood wäre das nie passiert.

Der zwischenzeitlich in das EU-Parlament entsorgte ehemalige bayrische Ministerpräsident Edmund Stoiber bemerkte einmal: „Wer Psychologe werden will, braucht selber einen". Zweifellos ein Klischee, aber auch Klischees bilden Wirklichkeit ab. Unter den 631 Parlamentariern des 18. Deutschen Bundestages befinden sich gerade einmal vier Psychologen, null Psychotherapeuten. Wenn es um harte Arbeit und Entscheidungen geht – und Politiker absolvieren ein hohes Arbeitspensum von 12 bis 16 Stunden pro Tag – hält sich die Berufsgruppe der Psychologen und Therapeuten vornehm zurück.

Schön im Trend liegt auch der Coach, der meint, für jede seelische Krise eine professionelle Heilmethode kreiert zu haben. Natürlich ohne wissenschaftlich fundierte Qualitätsstandards. Mittlerweile scheint es für jede Tätigkeit oder Befindlichkeit einen Coach zu geben, für Wellness, Entspannung, Gesundheit, Trauer oder Ein- und Ausatmen. So manch gecoachter Klient mag ja mit der Beratung durchaus zufrieden zu sein. Doch gerade dann sollte man besonders skeptisch sein. So hat eine über 30 Jahre laufende Studie an 500 Kriminellen in den USA ergeben, dass gegen Ende des Beobachtungszeitraumes gerade die psychologisch Betreuten mehr Vorstrafen hatten, als die nicht psychologisch Betreuten. Hier war es so, dass die Zeit besser heilte als die Therapie.

Die Theorien und Ahnen

Psychoanalyse

Die Psychoanalyse wird häufig als Urmutter der Psychotherapie dargestellt, obwohl psychotherapeutische Verfahren im weiteren Sinne schon seit der Antike praktiziert werden. In der bürgerlich-autoritären Gesellschaft des ausgehenden 19. und beginnenden 20. Jahrhunderts war Freuds Theorie natürlich eine Provokation. Sie besagte schlicht und ergreifend, dass unbewusste sexuelle Motive die eigentlichen Beweggründe unseres Handelns seien und sich dem Bewusstsein entzögen. Das Unbewusste soll der eigentliche Herr im Haus sein und Sexualität der spiritus rector der menschlichen Existenz. Der begnadete und unglaublich belesene Egon Friedell spricht vom „schleichenden Racheakt der schlecht Weggekommenen. Die „ganze Welt soll neurotisiert, sexualisiert, diabolisiert werden". Freud, der ursprünglich aus der Neuroanatomie kam, verkaufte seine Theorie als Wissenschaft, gar als Naturwissenschaft. Doch davon ist sie Lichtjahre entfernt. Kein seriöser Wissenschaftler würde dies noch behaupten. Schon zu Freuds Zeiten glichen ihre Vertreter vielmehr einer religiösen Sekte. So heißt es über die anfänglichen psychoanalytischen Treffen in Wien: „Es herrschte eine Atmosphäre von Religionsgründung im Raum ... Freuds Schüler waren seine Apostel". Oder: „Ich war der Apostel Freuds, der mein Christus war". Eine einzige Lehre der Irrationalität, die als rational verkauft wurde. Wie konnte sie so erfolgreich sein? Weil sie erstmals in der Geschichte der Menschheit das Private zum allumfassenden Thema machte. Was vorher vereinzelt geschildert wurde, wie beispielsweise in *Die Leiden des jungen Werther* von Goethe, wurde nun zur Totalität. Von nun an konnten sämtliche Aspekte des Alltags als Symbol einer tiefergehenden Bedeutung aufgefasst werden, die sehnlichst darauf warten, entschlüsselt zu werden. Der Deutungszirkus war eröffnet. Wie spannend. Freud war somit der Antipode zu Marx. Wo dieser Leben und Schicksal des Menschen in Klassenkämpfen ansiedelte, legte jener das Zentrum des Daseins in das Intime und Private. Im Prinzip konnte nun alles auf eine neurotische Persönlichkeit hinauslaufen. Freud selber, der „Goldene Sigi", Lieblingskind einer jungen Mutter, versuchte von sich das Bild eines nüchtern-gleichmütigen Wissenschaftlers zu vermitteln, der nur an seiner Forschung interessiert sei. Nahtlos fortgeführt wird dies von seinem Biographen Ernest Jones in *Sigmund Freud, Leben und Werk*. Hierin entwirft Jones das Bild eines selbstlosen Helden, der sein Leben ganz der Forschung verschrieben hat. Dass es sich hier um reine Legendenbildung handelt, die vor lauter Auslassungen und Verzerrungen nur so strotzt, wissen wir spätestens seit Michel Onfrays Buch *Antifreud*. Es löste im Erscheinungsjahr 2010 in Frankreich eine leidenschaftliche Debatte aus. Der Autor ist Philosoph. Von Philosophen erwartet man, dass sie über den Tellerrand des Zeitgeistes hinausblicken können und nicht jedem Modetrend hinterherhecheln. Dazu braucht es Zeit, die sich der Autor Onfray auch nehmen musste, um die 20.000 Briefe von Freud an seinen Busenfreund Wilhelm Fließ akribisch zu studieren.

Diese Briefe waren niemals zur Veröffentlichung vorgesehen und umfassen die Zeit von 1887 bis 1904, das heißt die Phase, in welcher der Kern der Psychoanalyse entwickelt wurde.

Verfeinert mit einigen großzügigen Prisen Kokain, ist eine Therapieform erschaffen worden, die ausschließlich durch den Placeboeffekt wirkt.

Aber es geht in diesen Briefen nicht nur um die Pseudowissenschaft, sondern auch um den Menschen Freud, und zwar ungeschminkt.

Was zutage gefördert wurde, ist wenig sympathisch. Er selbst war sein eigener Patient, und zwar der, der ihn vor allen anderen Patienten hauptsächlich beschäftigte. Bevorzugte Themen: wiederkehrende Depression, Geldsorgen, sexuelle Missgeschicke, Zweifel und – ganz wichtig – Leid an der eigenen Unbekanntheit.

Die Analyse der eigenen Tochter war auch nicht unbedingt ein Erfolg für Freud. Sie heiratete nicht und blieb Zeit ihres Lebens ohne Partner.

In einem Brief an Fließ vom 15.3.1898 bemerkte er: „Ich schlafe bei den Nachmittagsanalysen". Nun gut, das passiert heutigen Therapeuten ebenso. Wie viele von diesen war Freud sehr vorsichtig und schloss viele Patienten von vornherein aus, was zu dem nicht ganz falschen Bonmot führte, die Psychoanalyse heile nur die Gesunden. Die Behandlungsdauer verhielt sich direkt proportional zum Erfolg. Und zum finanziellen Gewinn von Freud. In seinen *Erinnerungen an Sigmund Freud* berichtete der Schweizer Psychiater Ludwig Binswanger von einem Gespräch, in dem er ihn fragt, wie er zu seinen Patienten stehe und bekam zur Antwort: „Den Hals umdrehen könnte ich ihnen allen". In diesem Tenor tönt auch das Freud-Zitat in einem Eintrag des ungarischen Nervenarztes und Psychoanalytikers Sándor Ferenczi von 12.6.1932: „Gesindel, nur gut zum Geldverdienen und Studium".

Frappierend auch die Therapie der eigenen Tochter

Anna. Er behandelte sie von 1918 bis 1922 sowie erneut von 1924 bis 1929 psychoanalytisch. In fünf bis sechs Sitzungen pro Woche erzählte sie über neun Jahre über ihr Intimleben einschließlich ihres Wunsches nach Vereinigung mit dem Vater und Bruch mit der Mutter. Ein nicht nur nach heutigen ethischen Vorstellungen ungeheuerlicher Vorgang. Die Analyse der eigenen Tochter war auch nicht unbedingt ein Erfolg. Sie heiratete nicht und blieb Zeit ihres Lebens ohne Partner. Sie starb, wahrscheinlich als Jungfrau, ohne Nachwuchs. Ihr Beruf war Kinderpsychoanalytikerin.

Auch das Leben ihres Vaters war nicht ganz frei von Schicksalsschlägen und Krankheiten. Seine Bewältigungsversuche muteten teilweise etwas merkwürdig an. Als 1923 in seinem 67. Lebensjahr bei ihm Gaumenkrebs diagnostiziert wurde, ließ er sich im gleichen Jahr die Samenleiter durchtrennen. Das erhöhe die nachlassende sexuelle Leistungsfähigkeit. Laut dem Philosophen Onfray hat die kritische Literatur auch ergeben, dass Freud Ergebnisse fälschte und Patienten erfand.

Wenn Freuds Lehre keine Wissenschaft ist, was ist sie dann? Sie ist eine Spielart des magischen Denkens, die ihr Hauptakteur Freud ganz um seine eigene Person konstituiert hat. Wenn er als Kind ein sexuelles Begehren nach seiner Mutter hatte, so musste dies für alle Männer gelten. Die Inzestwünsche gegenüber dem gegengeschlechtlichen Elternteil sind als Ödipus-Sage schon seit der griechischen Mythologie beschrieben, was aber noch lange nicht heißt, dass dies einem Naturgesetz entspricht, welches alle Menschen betrifft. Genau das aber meinte Freud. Er erlebte es so, beobachtete es, sprach es aus und in diesem Moment wurde es Wirklichkeit. Das nennt man auch den performativen Sprachstil. Im Rausch des Performativen, verfeinert mit einigen großzügigen Prisen Kokain, ist eine Therapieform erschaffen worden, die ausschließlich durch den Placeboeffekt wirkt. Der Politologe Francis Fukuyama lag mit seiner Analyse, *Das Ende der Geschichte,* ziemlich daneben, als er nach dem Zerfall der Sowjetunion eine dauerhaft stabile globale Demokratie prophezeite. Sehr treffend ist hingegen seine metaphorische Beschreibung der Psychoanalyse in *Das Ende des Menschen*:

Die Freud'sche Lehre lässt sich mit einer Auffassung vergleichen, die von einer Gruppe primitiver Stammesangehöriger entwickelt wurde, die ein mit laufendem Motor stehendes Auto fanden und dessen innere Funktionsweise zu erklären versuchten, ohne imstande zu sein, die Motorhaube zu öffnen. Dabei konnten sie einen überzeugenden Zusammenhang zwischen dem Treten auf das Gaspedal und dem Vorwärtsfahren entdecken, sie dachten sich dann, dass es im Inneren irgendetwas geben müsse, das beides verbinde und eine Flüssigkeit in die Bewegung der Räder umsetze – vielleicht ein großes Eichhörnchen in einem Käfig oder irgendeine Art von Homunkulus. Aber sie verstanden nichts von Kohlenwasserstoffen,

Verbrennungsvorgängen im Motor oder von Zylindern und Kolben,
die die Umwandlung von Energie tatsächlich bewerkstelligen. [1]

Immerhin hatte Freud noch eine naturwissenschaftliche Ausbildung und logisches Denken war ihm grundsätzlich möglich. Wie in den nachfolgenden Jahrzehnten Rationalität und Wissenschaft weiter Stück für Stück demontiert wurden, zeigt die postmoderne Philosophie, die die Sozialwissenschaft, Psychologie und die gesamte Kultur der westlichen Hemisphäre maßgeblich beeinflusst hat – nicht unbedingt zum Positiven.

Postmoderne Philosophie

Sie ist in den 50er Jahren des letzten Jahrhunderts entstanden und geht davon aus, dass die maßgeblichen Projekte der Moderne gescheitert sind. Mit Projekten oder auch „Metaerzählungen" sind Aufklärung, Naturwissenschaft, Idealismus, Religion und politische Ideen wie Sozialismus und Kommunismus gemeint, um die wichtigsten zu nennen. Sie haben ihre Versprechungen von einer besseren Welt nicht gehalten und stattdessen Auschwitz und Hiroshima möglich gemacht. Nach der postmodernen Philosophie gibt es keine allgemein verbindlichen Wahrheiten mehr. Diese seien immer eine Frage von Macht und Diskurs. Für politische Vorstellungen mag das durchaus zutreffend sein. Postmoderne Philosophen gehen aber noch viel weiter. Für sie sind auch Objektivität und naturwissenschaftliche Experimente sowie ihre nachprüfbaren und messbaren Ergebnisse letztlich eine Frage von öffentlichen Diskussionen, Interpretationen, Macht und Emotionalität. Überspitzt ausgedrückt: 1 + 1 ist nicht immer = 2, sondern kann unter bestimmten gesellschaftlichen Bedingungen und subjektiven atmosphärischen Schwingungen auch schon mal 2,3 sein. Jeder hat seine eigene Wahrheit. Es gibt keinen klaren Unterschied zwischen Gut und Böse oder Moral und Zynismus. Das Paradies des Relativismus hat seine Pforten geöffnet. Wenn diese postmodernen Ideen im philosophischen Elfenbeinturm geblieben wären, hätte man ihnen weiter keine Bedeutung zugemessen. Aber das Gegenteil ist der Fall. Sie bestimmen maßgeblich die gesellschaftlichen Diskurse und haben einen nebulösen Zeitgeist erschaffen, der aber nicht

> *„Wenn die Tatsachen nicht mit der Theorie übereinstimmen – umso schlimmer für die Tatsachen.“*
>
> **Georg Wilhelm Friedrich Hegel**

unwidersprochen blieb. So fragte sich in der zweiten Hälfte der 1990er Jahre der amerikanische Experimentalphysiker Alan Sokal, was eigentlich seine Kollegen aus den Geistes- und Sozialwissenschaften den ganzen Tag so machen, insbesondere die „Denker" der Postmoderne. Er versuchte ihre Texte zu verstehen und fand heraus, dass es gar nichts zu verstehen gab. Es war schlichtweg Nonsens, beispielsweise bei Jaques Lacan (1901-1981). Übrigens ein liebenswerter Zeitgenosse, der akut suizidgefährdete Patienten psychoanalytisch behandelte, ein schon damals unethisches Verhalten. Er war einer der bedeutendsten Psychoanalytiker des letzten Jahrhunderts und beschäftigte intensiv Philosophen und Psychologen, die davon überzeugt waren, dass er die Psychoanalyse revolutionierte. Für Kritiker war er der Meister eleganter Nullsätze. Lassen wir ihn selbst zu Wort kommen. Der folgende Text entstammt aus einer Abhandlung über die Struktur von Geisteskrankheiten aus dem Jahr 1970:

... ‚S‘ bezeichnet etwas, das exakt als dieses ‚S‘ beschrieben werden kann. Und ich habe gesagt, dass das ‚S‘, welches das Subjekt bezeichnet, ein Instrument darstellt, Materie zur Symbolisierung eines Verlusts. Eines Verlusts, den Sie (und ich ebenfalls) als Subjekt empfinden. Mit anderen Worten: diese Kluft zwischen dem einen, das feste Bedeutungen besitzt, und dem anderen, das mein tatsächliches Sprechen ist, das ich an den Ort zu übertragen versuche, an dem Sie sind, Sie nicht als weiteres Subjekt, sondern als Menschen, die mich verstehen können. Wo ist das Analogon? Entweder existiert dieser Verlust, oder er existiert nicht. Existiert er, so ist es nur möglich, ihn durch ein System von Symbolen zu bezeichnen. In jedem Fall existiert der Verlust erst dann, wenn diese Symbolisierung seinen Platz anzeigt. Es handelt sich nicht um eine Analogie. Tatsächlich ist es eine in manchen Teilen dieser Realitäten, in dieser Art von Torus [Torus bezeichnet in der Anatomie eine Wulstbildung, in der Mathematik die Oberflächengröße einer Ringfigur, Anmerkung des Verfassers]. *Dieser Torus existiert tatsächlich und er entspricht genau der Struktur des Neurotischen. Es handelt sich nicht um ein Analogon, nicht einmal um eine Abstraktion, denn eine Abstraktion vermindert die Realität in gewisser Weise, und ich bin der Ansicht, es handelt sich um die Realität selbst.* [2]

Eine Sinnhaftigkeit erschließt sich aus diesen Sätzen nicht. Darüber hinaus stellte Sokal fest, dass Lacan Begriffe der Mathematik benutzt, die nicht nur mit der menschlichen Psyche nichts zu tun haben, er ist sich auch ihrer genauen Bedeutung nicht bewusst. Und damit steht er nicht alleine da. Auch andere Vertreter der Postmoderne benutzen in ihren Abhandlungen Begriffe aus Mathematik und Physik, ohne sich über deren genaue Bedeutung im Klaren zu sein. Das trägt nicht gerade zu einem besseren Textverständnis bei. Die Unleserlichkeit dieser Texte resultiert nicht aus ihrer vermeintlichen Bedeutungsschwere, sondern aus der mit Phrasen und fremdem Fachvokabular kaschierten Bedeutungslosigkeit, wie Alan Sokal klar analysieren konnte.

Der Physiker nahm sich noch weitere Philosophen der Postmoderne vor und fand Texte, die die Grenze zur literarischen Diarrhö weit überschritten. So hieß es bei Luce Irigaray, deren Themenvielfalt sich von der Psychoanalyse bis zur Wissenschaftstheorie erstreckte, u. a.: „Nietzsche nahm sein Ego ebenfalls als einen von Explosion bedrohten Atomkern wahr". [3] Nietzsche lebte von 1844-1900. Die Entdeckung des Atomkerns war im Jahre 1911, die der Kernspaltung 1938. Dass also Nietzsche sein Ego „als einen von Explosionen bedrohten Atomkern" wahrnehmen konnte, ist mehr als unwahrscheinlich.

Der Physiker nahm sich noch weitere Philosophen der Postmoderne vor und fand Texte, die die Grenze zur literarischen Diarrhö weit überschritten.

Was macht ein Naturwissenschaftler, wenn er bei seinen geisteswissenschaftlichen Kollegen so etwas entdeckt? Er erlaubt sich einen boshaften Scherz. Alan Sokal schrieb eine Parodie, in der er eine Fülle von Zitaten namhafter Intellektueller mit physikalisch-mathematischen Theorien verknüpfte. Das ergab zwar keinen Sinn, las sich aber recht eindrucksvoll. Eigentlich hätte schon der Titel stutzig machen müssen: *Die Grenzen überschreiben: Auf dem Weg zu einer transformativen Hermeneutik der Quantengravitation.* Hermeneutik ist bekanntlich das Synonym für Auslegung, Interpretation. Transformativ sagt dasselbe aus, so etwas nennt man Pleonasmus. Sokal bot diese Parodie als ernstgemeinten wissenschaftlichen Artikel einer führenden Fachzeitschrift für Soziologie an. Diese bemerkte – nichts. Im Gegenteil. Der Artikel wurde als bedeutend wahrgenommen und hoch gelobt. Einige Zeit später erklärte Sokal der Zeitschrift *Lingua franca*, dass es sich bei seinem Artikel um eine Parodie gehandelt hatte, die aber als solche von den Wissenschaftlern der Geisteswissenschaftlichen Abteilung nicht erkannt worden war. Deren Reaktion ließ nicht lange auf sich warten. Sie erklärten Sokal als philisterhaften Kritiker und arroganten Wissenschaftler. Woraufhin er das Buch *Eleganter Unsinn. Wie die Denker der Postmoderne die Wissenschaft missbrauchen* schrieb und 1997 veröffentlichte. Hierin wird deren Philosophie in elegantem Jargon als Pseudowissenschaft entlarvt. Sie ist zugleich Urheber eines Relativismus, der erhebliche Auswirkungen auf Kultur und Denkweise der westlichen Welt hat. Die

Suggestibilität ihrer Bürger ist offensichtlich groß. So ließen sich auch Pädagogen 1970 in einem psychologischen Experiment täuschen. Der Schauspieler Michael Fox (nicht verwandt mit Michael J. Fox aus *Zurück in die Zukunft*) wurde als Experte vorgestellt und hielt einen beeindruckenden Vortrag mit dem Titel *Die Anwendung der mathematischen Spieltheorie in der Ausbildung von Ärzten*. Seine Rhetorik war brillant, er trat humorvoll auf, erfand neue Wörter und die Verweise auf andere Arbeiten waren schlicht sinnlos. Die Frage war: Ist es möglich, durch eine ausgefeilte Vortragstechnik Leute zu täuschen, die mit dem Thema durchaus vertraut waren? Die Antwort war so eindeutig, dass die Tatsache, dass eine geschickte Rhetorik über den unsinnigen Inhalt hinwegtäuschen kann, nach kurzer Zeit schon als „Doktor-Fox-Effekt" benannt wurde.

Wenn in einem psychologischen Experiment eine Gruppe von Pädagogen an der Nase herumgeführt wird, ist dies sicherlich bemerkenswert, aber noch kein echtes Problem. Problematisch wird es aber, wenn sich ein nicht unerheblicher Teil der Zivilisation von diesem postmodernen Diskurs nicht nur beeindrucken lässt, sondern auch von ihm überzeugt ist und in weiten Teilen seiner Kultur implementiert. Dann erfolgt, gemäß dem Motto „Jeder hat seine eigene Wahrheit", die schrittweise Atomisierung in Kulturen und Subkulturen und von Gruppen in Grüppchen, die ihre jeweiligen Privatwirklichkeiten besitzen und nicht mehr in der Lage sind, auch über einfachste Dinge ein Gespräch zu führen. Wenn die Faktizität des Begriffs der Wahrheit geleugnet wird (entweder ist etwas Tatsache oder nicht) – und genau das praktiziert die Postmoderne – dann ist der Weg frei für die skurrilsten und zugleich widernatürlichsten Blüten.

Streng logisch betrachtet gibt es keine Möglichkeit zu wissen, dass etwas außerhalb unserer Wahrnehmung existiert. Alles kann Produkt unser Sinneswahrnehmungen und der Gehirnfunktionen sein. Wenn jemand dieser radikalen Ansicht ist, so kann man ihn vom Gegenteil nicht überzeugen. Doch mit dieser Weltsicht lässt sich weder ein entzündeter Blinddarm entfernen noch ein kaputtes Fahrrad reparieren. Für den praktischen Alltag bzw. die Lebenswirklichkeit eignen sich solche Philosophien überhaupt nicht. Viel nützlicher ist da die von Wilhelm von Ockham (1288 bis 1347) implizit formulierte Forderung, dass man nicht mehr Annahmen zur Klärung eines Sachverhaltes heranziehen sollte, als für eine logische und plausible Erklärung unbedingt notwendig sind. Falls man jedoch das Gegenteil zum Prinzip erhebt, kann man beim Gender-Mainstreaming landen.

Gender-Mainstreaming –
oder die Kaiserin ist nackt

Der Mathematiker Leonhard Euler schrieb 1769 in einem Brief:

Wenn ein Bauer daran zweifeln und zum Exempel sagen wollte, dass er seinen Amtmann, ob er gleich vor ihm stünde, für kein wirkliches Ding hielt; so solle man ihn als einen Narren verlachen, und zwar mit Recht; aber wenn ein Philosoph dergleichen Meinungen vorbringt, so will er, dass man seinen Geist und seine Einsichten bewundern soll, als wenn sie unendlich weit über die Einsichten der Menge erhaben wären. [4]

Was würde Leonhard Euler über die Gender-Theorie sagen, in welcher das biologische Geschlecht nicht nur sekundär ist, sondern gar nicht mehr existiert? Genau. Ein und dasselbe. Die Bundesregierung und Grüne sind offensichtlich zu einer etwas anderen Einschätzung gekommen, denn nach ihrem Willen sind mittlerweile über 190 Gender-Professuren in den geisteswissenschaftlichen Bereichen an deutschen Unis und Fachhochschulen eingerichtet, die nahezu ausschließlich mit Frauen besetzt sind. (Übrigens gefördert von Annette Schavan, die nicht nur selbst über keinen Hochschulabschluss, ja nicht einmal einen für einen Beruf qualifizierenden Abschluss verfügt, sondern sich erdreistete wider die Regeln des gehobenen diplomatischen Dienstes die Stelle des Botschafters am Vatikan anzunehmen.) Die von diesen Lehrstühlinnen ausgehenden Diskussionen sind häufig datenfrei und von blinden Flecken geprägt, so dass die Kriterien für Wissenschaftlichkeit nicht erfüllt sind. Das passt auch zu der ideologischen Agitation, die mit jeder Logik hohnsprechenden und damit widersprüchlichen Zielen verbunden ist. Denn wie lässt sich die Gleichheit von Mann und Frau mit einer besonderen Frauenkultur vereinbaren?

Das Geld, das in diese Pseudowissenschaft fließt, fehlt den Wissenschaften, die diesen Namen auch verdienen, wo das Arbeiten nach naturwissenschaftlichen Kriterien eine Selbstverständlichkeit ist. Das Gegenteil ist bei den Genderforscherinnen in den Geisteswissenschaften der Fall. Dort werden Sätze formuliert wie zum Beispiel: „Naturwissenschaften konstruieren Wissen, dass dem gesellschaftlichen System zuarbeitet" – „Der Objektivitätsanspruch der Wissenschaft ist ein verdeckter männlicher Habitus" – „Naturwissenschaft und Medizin haben eine ähnliche Funktion, wie Theologie sie einst hatte". [5] Doch dabei bleibt es nicht. Genderforscherinnen brüten fleißig weiter und fordern beispielsweise,

Wie lässt sich die Gleichheit von Mann und Frau mit einer besonderen Frauenkultur vereinbaren?

dass Fotos der Hirschbrunft aus der Werbebroschüre für den Nationalpark Eifel herausgenommen werden müssten, da sie stereotype Geschlechterrollen förderten. Auch sollten geschlechtergerechte Verkehrszeichen entworfen werden, neben dem Ampelmännchen sollte es ein Ampelweibchen mit einem Zopf geben. Im Berliner Politikbetrieb wird darüber ernsthaft diskutiert. Über die Wiedergabe sekundärer Geschlechtsmerkmale lag noch ein Hauch von Contenance. Man kann sich darüber amüsieren. Aber das Amüsement hört spätestens dann auf, wenn für diesen geistes„wissenschaftlichen" Unsinn Geld ausgegeben wird. Seid politisch, schärfte der US-amerikanische Kardiologe Bernard Lown (*Die verlorene Kunst des Heilens. Anleitung zum Umdenken*) seinen Studenten ein. Er hat Recht. Denn nur so können wir langfristig bestimmen, wo unser Geld hinfließt. Ob in Naturwissenschaften oder in Geschwätzwissenschaften.

Letzteres kann Genderforscherinnen nur Recht sein, da nach ihrem Selbstverständnis die Naturwissenschaften letztlich patriarchale Strukturen stützen. Vielleicht haben sie ja auch Recht und Männer und Frauen sind genauso gleich wie zitronengelbe Falter und Chinesen, wie es Robert Musil einmal formulierte:

> *Die von diesen Lehrstühlinnen ausgehenden Diskussionen sind häufig datenfrei und von blinden Flecken geprägt, so dass die Kriterien für Wissenschaftlichkeit nicht erfüllt sind.*

Es gibt zitronengelbe Falter, es gibt zitronengelbe Chinesen; in gewissem Sinne kann man also sagen: Falter ist der mitteleuropäische geflügelte Zwergchinese. (...) Daß der Falter Flügel hat und der Chinese keine ist nur Oberflächenphänomen. [6]

Wie konnte es dazu kommen?

Gemäß dem „anything goes"-Prinzip der Postmoderne ist natürlich auch das biologische Geschlecht ein Konstrukt oder genauer, eine Frage des Sprachgebrauchs und der herrschenden Machtverhältnisse. Die theoretische Grundlage liefert das 1990 erschienene Buch *Das Unbehagen der Geschlechter*, eine Art pan-sexuelles Manifest, geschrieben von Judith Butler, einer lesbischen Zahnarzttochter aus den USA, dem Land der unbegrenzten Möglichkeiten. Die Beantwortung der Frage, ob die Möglichkeit von Gender-Mainstreaming dem Land oder dem Rest der Welt gut tut, steht allerdings noch aus. Die postmoderne Philosophin hat eine dauerverkomplizierende Theorie entwickelt, in welcher das biologische Geschlecht nicht nur sekundär ist, sondern gar nicht mehr existiert, quasi ein Kunstprodukt, Mann und Frau gibt es gar nicht. Tatsächlich ist aber die Sprache von Frau Butler ein Kunstprodukt. Würde sie ihre Vorstellungen in klaren Worten ausdrücken, würde auch der medizinische Laie erkennen, dass sie die Bodenhaftung komplett verloren hat. In postmodernen Zeiten ein völlig normaler Vorgang. Für Butler sind Mann und Frau offensichtlich eine Zumutung der Natur, die bei ihr „Zwangsheterosexualität" genannt wird. In ihrem pansexuellen Dämonium heißt es:

Diese radikale Spaltung des geschlechtlich bestimmten Subjekts (gendered subject) wirft freilich eine Reihe von Fragen auf: Können wir noch von einem ‚gegebenen' Geschlecht oder von einer ‚gegebenen' Geschlechtsidentität sprechen, ohne wenigstens zu untersuchen wie, d. h. durch welche Mittel, das Geschlecht und/oder die Geschlechtsidentität gegeben sind? Und was bedeutet der Begriff ‚Geschlecht' (Sex) überhaupt? Handelt es sich um eine natürliche, anatomische, durch Hormone oder Chromosomen bedingte Tatsache? Wie muss eine feministische Kritik jene wissenschaftlichen Diskurse beurteilen, die solche ‚Tatsachen' für uns nachweisen soll? Hat das Geschlecht eine Geschichte? Oder hat jedes Geschlecht eine andere Geschichte (bzw. andere Geschichten)? Gibt es eine Geschichte, wie diese Dualität der Geschlechter (duality of sex) erreicht wurde, eine Genealogie, die die binären Optionen möglicherweise als veränderbare Konstruktion offenbart? Werden die angeblich natürlichen Sachverhalte des Geschlechtlichen in Wirklichkeit diskursiv produziert, nämlich durch verschiedene wissenschaftliche Diskurse, die im Dienste anderer politischer und gesellschaftlicher Interessen stehen? Wenn man den unveränderlichen Charakter des Geschlechts bestreitet, erweist sich dieses Konstrukt namens ‚Geschlecht' vielleicht als ebenso kulturell hervorgebracht wie die Geschlechtsidentität. Ja, möglicherweise ist das Geschlecht

(Sex) immer schon Geschlechtsidentität (Gender) gewesen, so dass sich herausstellt, dass die Unterscheidung zwischen Geschlecht und Geschlechtsidentität letztlich gar keine Unterscheidung ist. [7]

In diesem zurechtgedachten Geschlechterwirrwarr geht es munter weiter. Das ist typisch für das postmoderne Denken, dass auch das Selbstverständlichste in Frage gestellt wird. Die nie erlahmende sexuelle Umschichtung ist jedoch noch lange nicht zu Ende:

Die Geschlechtsidentität ist ein komplexer Sachverhalt, dessen Totalität ständig aufgehoben ist, d. h. es ist an keinem gegebenen Zeitpunkt das, was sie ist. Daher wird ein offenes Bündnis Identitäten bestätigen, die entsprechend den jeweils vorhandenen Zielen wechselweise instituiert und aufgegeben werden. Ein offenes Bündnis ist eine offene Vereinigung, die vielfältige Konvergenzen und Divergenzen zulässt, ohne dem normativen Telos einer definitorischen Geschlossenheit zu gehorchen. [8]

Nach diesen Zeilen sollte man seinen Beruf oder seine Berufung sofort an den Nagel hängen. Es gibt Wichtigeres zu tun. Beispielsweise in sich hinein zu horchen, wie viele Geschlechter so in einem schlummern. Uni, bi oder vielleicht sogar tri? Und wie kann man sie dauerreflexiv und genderkorrekt ausleben? Wie die Butler'sche Welt im Rahmen der Geschlechtervervielfältigung aussehen wird, wird auch schon formuliert:

... gleichsam durch die Möglichkeit hindurch zu denken, die naturalisierten und verdinglichten Begriffe der Geschlechtsidentität, die die männliche Hegemonie und heterosexistische Macht stützen, zu subvertieren und zu verschieben. Das heißt, es geht um den Versuch, zur Geschlechter-Verwirrung anzustiften. [9]

Der vorletzte Satz des Dämoniums lautet:

... in dem man die Geschlechter-Binarität in Verwirrung bringt und ihre grundlegende Unnatürlichkeit enthüllt. [10]

Genau, es geht nicht mehr darum, Aufgaben zu bewältigen, sondern Verwirrung zu stiften. Was die EU nicht daran hindert, Milliarden an Steuergeldern in Gleichstellungs- und Genderprogramme fließen zu lassen. Mit dem Ergebnis, dass alle erforderlichen gesetzgeberischen, administrativen und sonstigen Maßnahmen ergriffen werden müssen, um geschlechtliche Identität und sexuelle Orientierung pluralistisch auszugestalten, insbesondere in den Massenmedien. Diese gesetzlichen Vorgaben fußen auf den Yogyakarta-Prinzipien, die eine minutiöse Anleitung zur globalen Durchsetzung der Gender-Ideologie darstellen. Benannt sind sie nach der indonesischen Stadt Yogyakarta, wo sie 2007 auf einer Tagung formuliert wurden. Schon von Kindesbeinen an umgesetzt werden sollte dies im Januar 2014 in Frankreich, wo an 275 Grundschulen flächendeckend ein Quasi-ABC der Gender-Theorie den Grundschülern vermittelt werden sollte, um das biologische Geschlecht als soziales Konstrukt zu entlarven. Die Resonanz war eindeutig. Von der Autorin und Filmemacherin Farida Belghoul wurde den Eltern nahegelegt, aus Protest ihre Kinder einmal im Monat nicht zur Schule zu schicken, was in weiten Teilen der Bevölkerung auf positive Resonanz stieß. Danach realisierte man rasch, dass es weiß Gott wichtigere Themen gibt.

Die Implementierung der Gender-Prinzipien durch staatliche Erziehungseinrichtungen von Kindesbeinen an zeigt die totalitäre Ausrichtung. Wie ein Hohn mutet es da an, dass die Chefideologin Judith Butler seit 2006 auch am Hannah-Arendt-Lehrstuhl für Philosophie an der European Graduate School in der Schweiz unterrichtet. Denn Hannah Arendt war es, die die Prinzipien des Totalitarismus erforschte. Ein wesentliches Element totalitärer Herrschaft ist dabei die systematische Verdrängung. Systematischer als die Gender-Mainstreaming-Adepten das natürliche Geschlecht verdrängen, geht es wirklich nicht. Hannah Arendt hätte ihnen nicht nur ein Kapitel gewidmet. Überhaupt ist der Vergleich zwischen den beiden Philosophinnen nicht ganz ohne Reiz, denn ihre Werke spiegeln den Zeitgeist der jeweiligen Epoche exakt wider. Ging es bei Arendt noch um große Politik, um Ursprung und Prinzipien totalitärer Herrschaftssysteme, um „die Banalität des Bösen", um die Folgen von

Realitätsferne und Gedankenlosigkeit, so ist es bei Butler die zum Prinzip gewordene und offensichtlich nicht bemerkte (oder wohlwollend in Kauf genommene) Realitätsferne, die die Auseinandersetzung mit den wirklich globalen Problemen (Überbevölkerung, Umweltverschmutzung, Überalterung in der westlichen Welt etc.) torpediert.

> *„Man kann die Natur mit einer Mistgabel hinausjagen, sie kommt dennoch stets zurück."*
>
> **Horaz**

Stattdessen verliert sich der Mensch bei ihr in einer bizarren, hyperindividualistischen und multisexuellen Kunstwelt, die sich von der Realität komplett verabschiedet hat. Es sei denn, man betrachtet Zwangshomosexualität als den Königsweg zur Bekämpfung der Überbevölkerung.

Die drei Säulen
der Reflexivkultur

Fassen wir die drei Säulen der Reflexivkultur einmal zusammen: Die Psychoanalyse entlehnt viel aus der griechischen Mythologie und noch viel mehr aus autobiografischen Erlebnissen ihres Erfinders Sigmund Freud. Was er neurotisch verarbeitete, müsste auch bei allen seinen Mitmenschen so ablaufen – so seine Lehre. Die analytische Theorie ist ein Nebenfluss des magischen Denkens. Mit ihr kann letztlich alles psychopathologisiert werden.

Die postmoderne Philosophie hat sich verabschiedet von Empirie und Fakten. Die postmoderne Philosophie ist auch dadurch charakterisiert, dass sie sich bei neuen physikalischen Theorien bedient, obwohl sie selbst die Grundlagen nicht verstanden hat. Das Vokabular ist aufgeblasen. Relativismus und Subjektzentrismus produzieren einen nebulösen Zeitgeist. Natürlich gibt es Widersprüche, an denen mit Logik nicht vorbeizukommen ist, weshalb hier ein Relativismus nicht zu umgehen ist. Das bedeutet aber nicht, dass man dies auf alle gesellschaftlichen Systeme um den Preis der Nichtfunktionalität übertragen sollte.

Gender-Mainstreaming schließlich meint, dass es ein

biologisches Geschlecht gar nicht gäbe und letztlich alles eine Frage von Machtverhältnissen und Diskurs sei. Geschlechter gäbe es viele, und jeder könne sich völlig losgelöst von der Biologie eines aussuchen. Na dann steht ja einer spannenden Innenschau nichts mehr im Wege.

Psychoanalyse, postmoderne Philosophie und Gender-Mainstreaming bilden nun das ideale Psychotop für die dauerreflexiv-hypersensiblen Zeitgenossen. Sie pauken die Ratgeberliteratur Zeile für Zeile, Wort für Wort, besuchen Kurse für Coaching, Selbstmanagement, leiden unter Burn-out, sind selbstverständlich in Therapie und wollen selber Therapeut werden. Haben einen Eltern-, Großeltern- und natürlich einen Hundeführerschein. Geschlechter- und kultursensible Kommunikation beherrschen sie perfekt. Oder anders ausgedrückt: Sie stören überall, und alles wird für sie zu einem Problem, über das man/frau sprechen muss: Gefühle, Management von Gefühlen, usw. Nicht

> *„Wohin Denken ohne Experimentieren führt, hat uns das Mittelalter gezeigt, aber dieses Jahrhundert lässt uns sehen, wohin Experimentieren ohne Denken führt."*
>
> **Arthur Schopenhauer**

nur die Rüpel nerven, eben auch die Reflexivakrobaten.

Doch wie sehen sie sich selbst? Nun, lassen wir einen von ihnen zu Wort kommen. Und zwar einen 54-jährigen Wissenschaftler, der mit einer Therapeutin verheiratet ist.

Was mehr von der eigenen Reaktion auf den anderen zum Aus-
druck bringt, ist etwas eindeutig Positives oder Negatives; ich mag
es, wenn Du das tust; ich schätze, was Du machst; damit fühle ich
mich unwohl, … können wir einen Weg finden, wie Du mehr von
meinen Bedingungen erfüllst, und ich versuche, mehr von Deinen Be-
dingungen zu erfüllen. Ich glaube, es ist eine Phantasievorstellung,
dass auf diese Weise 100 % der Konflikte gelöst werden oder dass
dies nicht selbst wiederum andere Probleme nach sich zieht. [11]

Tatsächlich, er hat erkannt, dass nicht 100 % der zwischenmenschlichen Konflikte gelöst werden können.
Ein Hauch von Realitätssinn hat seine Psyche berührt.
Schauen wir, wie diese mit dem Hausfrauenalltag zurechtkommt.

… Bei uns zuhause gibt es gewisse Spannungen, wenn man/frau
sagt: ‚Du machst die Spüle nie sauber!' Wobei ich denke, dass ich
das in 80 bis 90 % der Fälle tue. Mehr und mehr wird mir deut-
lich, wenn ich das zu hören bekomme, dass ich dann meine Mutter
sprechen höre. Meine Frau frustriert das, weil sie sagt, ‚Du gibst
mir keine Stimme!', und ich sage dann ‚Ich gebe Dir eine Stimme,
aber ich werde mich darüber aufregen.' Sie sagt: ‚Gibt es irgendeine
Möglichkeit, wie ich es Dir sagen kann, ohne dass Du Dich auf-
regst?', und darüber habe ich vielleicht ein oder zwei Jahre nachge-
dacht, dann habe ich gesagt, ‚Wahrscheinlich nicht, also hast Du
die Wahl, entweder nichts zu sagen oder es zu sagen und zu wissen,
dass ich mich darüber aufregen werde, aber das ist dann der Preis,

den Du zahlen musst. Ich werde dann, wenn ich mich aufgeregt habe, versuchen, mein Verhalten zu ändern.' [12]

So ist das nun mal mit der Psychogymnastik, das Sprechen über das Sprechen ermöglicht eine authentische Kommunikation (wenn es gut geht in ein bis zwei Jahren). In den darauf folgenden Jahren wird man sich dann der korrekten Säuberung der Spüle annähern können und schauen, wie sich das dann anfühlt. Aber es kommt noch besser:

… Ich schlug schließlich vor, dass wir ein Notizboard anbringen. Dass wir uns Nachrichten schreiben, statt uns in Worten auszudrücken. Das mag etwas Reelles oder ein Witz sein, aber wie bei einer E-Mail können wir die Nachricht aufmachen, wenn wir bereit sind, mit ihr umzugehen und nicht im Moment selbst, wir können über sie nachdenken und reflektieren. Ich habe darüber im Unterricht nachgedacht … Wir machen das jetzt seit einer Weile, ich glaube nicht, dass das alle Probleme löst, aber zumindest unser Repertoire erweitert, denke ich. … Die Theorie ist, dass … wenn ich mir selbst darüber im Klaren bin, was ich will und was ich nicht will, was ich brauche und was ich nicht brauche, und wenn ich ihnen das mitteilen kann, dann haben wir eine größere Chance, eine Situation herbeizuführen, in der wir beide mehr von unseren Bedürfnissen befriedigen können … [13]

Hier ist jemand mächtig in die Reflexivfalle geraten. Kommunikative Endlosschleifen – die Therapiegesellschaft heißt uns willkommen. Dermaßen psychologisch und philosophisch warmgelaufen, kann man sich nicht nur im kleinen verkorksten Binnenleben, sondern auch in der Politik an die zentralen Probleme des Menschseins herantasten, als da wären:

- Die Benennung von Sturmtiefs bewegte die Gemüter der Frauenverbände. Als die Gefühle der Diskriminierung zu sehr an ihren Seelen nagten, proklamierten sie folgende Regelung: In ungeraden Jahren werden männliche Namen für Sturmtiefs vergeben und in geraden weibliche. Ein wichtiger Schritt für die Entdiskriminierung in der Meteorologie.

- Um das Denkmal im Berliner Tiergarten, das an die verfolgten Homosexuellen im Nationalsozialismus erinnert, gab es monatelang Streit. Ursprünglich wurde ein Film gezeigt, wo zwei Männer sich küssen. Mit Bundestagsbeschluss. Dann erhoben die Lesbenverbände Einspruch. Jetzt küssen sich im Berliner Tiergarten abwechselnd ein männliches und ein weibliches Paar; alle zwei Jahre wird der Film gewechselt, damit niemand um den Opferstatus konkurrieren muss. Und alles wird gut.

- Hundebesitzer sind wohl die Subpopulation Deutschlands mit der höchsten Zuwachsrate. Sie optimieren nicht nur sich selbst, sondern auch ihre Vierbeiner. Sollte der Hundehoden nicht über die artgerechte Ästhetik verfügen, so kann durch ein Silikonimplantat ein opulenteres Gemächt erzeugt werden. Ob wichtiger für Herrchen oder Hund ist hier (nicht) die Frage.

- Die Deutschen lieben ihren Wald so sehr, dass sie ihn auch nackt erleben möchten. Ein 18 Kilometer langer Nacktwanderweg eröffnet diese Möglichkeit im Harz. Wer hier in Kleidung herumläuft, kann sich auf Warnschildern über die neue Korrektheit informieren: „Wanderer, willst du keine Nackten sehen, darfst du hier nicht weitergehen".

- Im Frühjahr 2014 wurde in Berlin-Mitte über geschlechtergerechte Verkehrssignale beraten. So sollten sowohl männliche als auch weibliche Ampelzeichen eingerichtet werden. Ob mit Busen oder Penis, darüber lag noch ein Hauch von Contenance. Wahrscheinlich wird demnächst eine Neuverfilmung von *Casablanca* gefordert, mit Conchita Wurst als Ersatz für Humphrey Bogart.

- Anfang 2013 entschied das Bezirksparlament im Berliner Stadtteil Friedrichshain-Kreuzberg, dass es in öffentlichen Gebäuden künftig „Unisex"-Toiletten geben solle für Menschen, die sich ihrer geschlechtlichen Identität unsicher seien. Für Intersexuelle und Transsexuelle hätten diese Klos eine große Bedeutung. Genau. Einen sinnvolleren Einsatz öffentlicher Gelder kann man sich nicht vorstellen.

- In einem Uni-Ranking (2014) der Fächer Informatik, Elektrotechnik und Naturwissenschaften war die Hochschule Leipzig auf den ersten 10 Plätzen gar nicht erst vertreten. Hier etwas zu verbessern ist aber offensichtlich nicht so wichtig. Vielmehr entschied sich das Rektorat für eine korrekte Sprachregelung und setzte in ihrer Grundordnung ausschließlich weibliche Bezeichnungen ein, so dass der Titel „Professorin" auch für Männer gilt. So heißt es nun ganz offiziell: Guten Tag, Herr Professorin.

- Schlimm genug, wenn Ausländer oder Behinderte diskriminiert werden. Dass aber angeblich gefährliche Hunderassen durch Rasselisten in Verruf gebracht werden sollen, raubt Tierschützern den Schlaf. Nun hat Niedersachsen endlich die Initiative ergriffen und seit Oktober 2013 einen Hundeführerschein zur Pflicht gemacht, der nun die Rasselisten überflüssig machen soll. Auf dass auch in 1.000 Jahren kein Hund scheel angesehen werde.

- Wussten Sie schon, dass Fische Gräten enthalten? Sie meinen, das sei selbstverständlich? Das ist einigen Juristen zu einfach. Es hatte sich in Hamburg ein Kunde an einer Gräte verletzt und deswegen geklagt. Mit Erfolg. Neben 500 Euro Schmerzensgeld muss nun beim Fischhändler über der Theke der Warnhinweis hängen: „Wir müssen Sie darauf hinweisen, dass im Fisch Gräten vorkommen können."

- Einem Produzenten wurde verboten, Duschgels mit Erdbeer- und Karamellaromen in Deutschland anzubieten, mit der Begründung, dass einige Käufer auch glauben könnten, sie würden eine Getränk erwerben.

Fazit: Es gibt keine noch so idiotische Nische, in der nicht ein noch größerer Vollidiot hockt. Früher gab es einen Muttertag, heute gibt es einen Dogday oder Dogdancing. Wer meint, die Betreffenden sollten sich untersuchen lassen: Das Geld kann man sich sparen. Die Diagnose lautet von vornherein: total Banane.

Kleinwüchsige dürfen nach der Vorstellung der amerikanischen Political Correctness nicht mehr als solche bezeichnet werden, da dies eine Diskriminierung impliziere. Stattdessen wurde der Begriff „verticaly changed people" vorgeschlagen, wegen der bei Kleinwüchsigen physiologischerweise häufiger auftretenden vertikalen Kopfbewegungen.

Ebenso erging es dem Wort „Behinderte", dies soll aus Gründen der Diskriminierung nicht mehr benutzt werden. Stattdessen soll es heißen „Menschen mit besonderen Eigenschaften".

Hinter diesen bizarren Vorlieben und Sichtweisen stehen natürlich Menschen und Gruppen der Gesellschaft. Diese können sich in weitere Interessengemeinschaften und Grüppchen atomisieren. Mit einem demokratischen Gemeinwesen hat das allerdings nichts mehr zu tun. So sind die immer zahlreicher werdenden Grüppchen der sich benachteiligt Fühlenden fleißig dabei, die repräsentative Demokratie Stück für Stück in eine zwar gut gemeinte, aber letztlich schlechte direkte Demokratie umzuwandeln. Denn sie denken dabei nur an sich und ihre gegenwärtigen Vorteile. Was langfristig für das Land gut ist und durch parlamentarische Beschlüsse in die Wege geleitet wurde, geht sie offensichtlich nichts mehr an. Stuttgart 21 ist nur ein Beispiel dafür. Von der Demokratie bis zur Ochlokratie – sprich Pöbelherrschaft – könnte es nicht mehr allzu weit sein

Die andauernde Beschäftigung mit den eigenen individuellen Sichtweisen und Empfindlichkeiten kann natürlich auch in völligem politischen Desinteresse und dem Rückzug ins Private münden. Auch dies fördert nicht gerade das demokratische Gemeinwesen.

Die Mythen der Reflexivkultur

Erinnerungsarbeit befreit

*Alles in allem eine Methode, die augenscheinlich schneller einen
Laien zum Sachverständigen, als einen Kranken gesund macht.
Denn als Heilfaktor dient jene Selbstbeobachtung,
welche eben die Krankheit ist.*

Karl Kraus

Trotz allem Geschimpfe auf faule Hartz-IV-Empfän-
ger und überbordende Sozialleistungen: gearbeitet wird
immer noch viel in Deutschland. Wertschöpfende Arbeit
steht dabei nicht unbedingt an erster Stelle. Diese nimmt
seit geraumer Zeit Trauer- und Erinnerungsarbeit ein,

Begriffe, die grundsätzlich friedlich sind und sich ergänzen. Trauerarbeit ist somit nicht die einzige Arbeit, die in Deutschland noch geleistet wird, sie wird unterstützt und verstärkt durch die Erinnerungsarbeit, die nahezu kultisch verehrt wird. Niemand hat dies schöner erklärt als der dänische Existenzphilosoph Sören Kierkegaard (1813-1855):

Denn wer auch nur einmal verstanden was Erinnerung ist, er ist gefangen für alle Ewigkeiten und liegt gefangen in ihr; und wer eine einzige Erinnerung besitzt, ist reicher als wenn die ganze Welt ihm gehört; und nicht allein wer schwanger ist, sondern vor allem wer sich erinnert ist in gesegneten Umständen. [14]

In diesem psychologisch-literarischen Kielwasser schäumt es in Deutschland seit 1945 immer mächtiger. Da rechnet eine Generation mit der anderen einfühlsam und eloquent ab, seit einigen Jahren fleißig-neuronal unterstützt durch die Psychotraumabelletristik. *Die vergessene Generation: Die Kriegskinder brechen ihr Schweigen, Kriegsenkel: die Erben der vergessenen Generation, Nachkriegskinder: Die 1950er-Jahrgänge …, Die geprügelte Generation: Kochlöffel, Rohrstock …, Wie Traumata in die nächste Generation wirken …,* um nur einige zu nennen. Da die Schwelle zum Psychotrauma immer weiter abgesenkt wird und ein Klassenausflug im Jahr 2022 nur unter Hinzuziehung eines Traumatherapeuten für den betreuenden Lehrer durchführbar sein wird, eröffnen sich für hyperreflexive Psychohistoriker ungeahnte Möglichkeiten der empathisch gestützten Generationenabrechnung. Diese hat schon begonnen. Generation Doof, die Gruppe der heute 20- bis 40-Jährigen (sie bezeichnen sich selber so, nach dem gleichnamigen Buch, es ist nicht das übliche Gejammer der Alten über die Jungen) rechnet mit den hedonistischen 68ern ab, die ihr nichts Vernünftiges beigebracht haben. Das kann traumatisch sein. Die 68er haben natürlich mit den kriegslüsternen 33ern abgerechnet und rechnen weiter mit diesen ab. Die Generation Y, die nach 1990 geborenen und mit dem Internet aufgewachsenen Kinder, rechnen mit der Generation Doof ab, die ihr ja den Weg in die digitale Demenz geebnet hat. Sicherlich ein lebensbegleitendes Trauma. Die tätowierte Generation – mein Leben als dermatochemisches Experiment, so oder ähnlich könnte eine Anklageschrift der Generation Y ebenfalls lauten. Auf Grund der jetzt schon zur Verfügung stehenden Abrechnungsliteratur ist schon über tausende von Seiten vorexerziert worden, wie so etwas geht. Zumal die Kriegsgeneration, die Nachkriegsgeneration und die Kinder der Kriegskinder immer Neues entdecken werden.

Die Bayreuther Festspiele in den Tagebuchaufzeichnungen der Urenkelin von Hermann Göring, Versuch einer psychoanalytischen Deutung, Vom Führerkult der NSDAP zum Selbstsicherheitstraining der Postmoderne – ein Balanceakt, Die Urenkel der

Nachkriegsgeneration schauen NS-Dokumentationen – die bild-
vermittelte Retraumatisierung im Spiegel der Traumaforschung.

Der mikroskopisch verfeinerte Blick wird eine Fülle von Traumata, Entbehrungen und Vernachlässigungen zutage fördern. Bei all dem hat sich gezeigt: die menschliche Geschichte ist eine Geschichte von Traumata und nahezu alle Menschen überleben sie auch ohne Traumatherapie.

Bei dem manischen Schielen in die Vergangenheit zeigen sich wieder die lähmenden Prinzipien des reflexiven Denkens: was hat das mit mir gemacht, und wie hat sich das wieder auf die Kinder und Kindeskinder ausgewirkt – und sofort ad infinitum. Reflektierendes Bedenken ist nicht grundsätzlich verkehrt, aber die Dosis macht das Lähmende, versperrt den Blick in die Zukunft. Irgendwie ist man nie mit der Vergangenheit fertig. Wie schön für Psychotherapeuten, so kann die Klaviatur des Leids in eine kommunikative Endlosschleife gleiten.

Aufgrund seiner asketischen Grundhaltung und des protestantisch hohen Arbeitsethos konnte Abraham Lincoln (1809-1865), der 16. Präsident der Vereinigten Staaten von Amerika, dem Choral des biografischen Klageliedes gut widerstehen. Auf seine Kindheit und Jugend angesprochen antwortete er nur lakonisch: „Das wäre eine einzige Eselei, wenn man aus meinen frühen Jahren irgendetwas machen wollte. Das lässt sich alles in einem einzigen Satz zusammenfassen ... den kurzen und schlichten Annalen der Armen." Armut und Leid mit lebensbestimmender Bedeutung aufzuladen überließ er späteren Generationen. Diese kultische Verehrung der Erinnerung mag einigen durchaus helfen, die meisten werden aber wohl den Weg des Sören Kierkegaard einschlagen. Dieser lernte perfekt von den Selbstreflexionen des Vaters, die lebensbegleitend eine sexuelle Entgleisung und eine einmalige Verfluchung Gottes zum Thema hatten. Bei Kierkegaard selber ist eine hoch ambivalente Beziehung zu einer Frau das Lebensthema, wo jede Regung ihres Gesichtes und jede Bewegung ihres Ganges unendlichen Reflexionen unterzogen wird. Und so praktizieren es auch seine Adepten der Generationen-Abrechner, die wie er den Blick auf die Zukunft offensichtlich nicht mehr hinbekommen.

Wir müssen wertschätzend miteinander umgehen

Sprich sanft,
aber trage einen großen Stock bei Dir.

Theodore Roosevelt

Nein, müssen wir nicht. Denn die Wertschätzung ist die verwöhnte und in Daunen gebettete Schwester der Achtsamkeit. Sie wird in der Verneinung (nicht wertschätzend) immer dann als Ass aus dem Ärmel gezogen, wenn man argumentativ nicht mehr weiter weiß. Dann heißt es plötzlich: „Du gehst nicht wertschätzend mit mir um", was beim argumentativ überlegenen und im Gefühlssprech unerfahrenen Diskussionspartner für eine gewisse Irritation sorgt. Denn unterschwellig weiß er ja, dass „nicht wertschätzend" in der Reflexivkultur ein absolutes No-Go ist.

Wertschätzung ist die Einbalsamierung der argumentativen Vernunft.

Und wer dieses bestreitet, kann noch so gute Argumente haben, das Publikum wird es ihm nicht danken. So beschrieb Thilo Sarrazin in seinem 2010 erschienenen Buch *Deutschland schafft sich ab* nüchtern die Tatsachen über gescheiterte Integration, Überalterung der Gesellschaft, Unsicherheit der Renten, mangelnde Leistungsbereitschaft und Arbeitsanreize, Gleichheitsfuror sowie defizitäre Bildungspolitik. Die Reflexivkultur speziell deutscher Prägung reagierte hysterisch.

Am 23.2.2013 erklärte der damalige Verteidigungsminister Thomas De Maizière zu dem Bedürfnis seiner Soldaten nach gesellschaftlicher Anerkennung:

Sie haben den verständlichen, aber oft übertriebenen Wunsch, nach Wertschätzung. Sie sind vielleicht geradezu süchtig danach ... Hört einfach auf, dauernd nach Anerkennung zu gieren. Die Wertschätzung anderer bekommt man nicht dadurch, dass man danach fragt, sondern dass man gute Arbeit leistet." [15]

Anders als bei Thilo Sarrazin ist es bei Thomas De Maizières gefühlsmäßiger Einschätzung naturgemäß schwierig zu überprüfen, ob er Recht hat oder nicht. Gemäß dem Bonmot von Karl Kraus – „Was trifft, das trifft auch zu" – hat er ins Schwarze getroffen. Als gewiefter Politiker, der weiß, dass er mit solch politisch unkorrekten Aussagen die potenziellen Wähler verprellt, hat er konsequenterweise seine Aussage wenige Tage später revidiert.

Einfach die unangenehme Wahrheit sagen, so geht das eben nicht in einer wertschätzenden Kultur.

Wertschätzung ist der Abwehrreflex um unangenehme bis bescheuerte Zeitgenossen nicht einfach davonzujagen, sondern, nachdem man sie abgeholt hat, wo sie stehen, immer artig in die Wohlfühlgesellschaft einzubinden. Wertschätzung ist die Einbalsamierung der argumentativen Vernunft.

Wir dürfen keine Tiere essen

Tugend und Laster sind verwandt
wie Kohle und Diamant.

Karl Kraus

Der nächste Mythos der Reflexivkultur lautet: Wir dürfen keine Tiere essen. Denn Tiere stünden ethisch höher als der korrumpierte Homo Sapiens: Obwohl im Tierreich „Mord" und Totschlag nicht nur bei Schimpansen auftreten, die immerhin zu über 98 % das gleiche Genom wie Menschen besitzen. Was uns natürlich noch lange nicht das Recht gibt, ihre Leichen auszustopfen und sie in irgendwelche muffigen naturhistorischen Museen mit respektlosen Schulkindern zu packen und blöd angaffen zu lassen.

Natürlich sollen Tiere die gleichen Rechte haben wie Menschen. Bei Altersvorsorge und Krankenversicherung ist man sich noch nicht sicher.

Gefühlt ethisch besonders hochstehend sind Katzen. So konnte man dem *Stern* in einer Novemberausgabe von 2012 entnehmen, dass so mancher Katzenbesitzer ein neu angeschafftes Möbelstück wieder zurückbringt, weil die Katze damit nicht zurechtkommt. Die cleveren

Katzenhalter nehmen ihren Seelentröster auf den Schoß und erspüren seine Gesprächsbereitschaft. Sollte diese gegeben sein, suchen sie das geeignete Möbelstück in einem Katalog. Fixiert die Katze länger als 5 ½ Sekunden ein bestimmtes Möbelstück, ist sie damit einverstanden.

Ebenso gehört es sich nach dem neuen Katzen-Knigge, dass man die Toilette des Nachbarn benutzt, um in der eigenen die Katze nicht zu stören, die sich dort behaglich eingerichtet hat. In der Tat, Katzen sind sehr geräuschempfindlich und die gesamte Familie des fortschrittlichen Katzenhalters lernt schon jetzt die Gebärdensprache.

Manch einer überzieht sein Bett mit einer Folie, damit die Katze ihren Darminhalt nicht auf der Bettdecke entleert. Warum überhaupt ein Bett? Eine abwaschbare Plastikmatratze hätte es genauso gut getan. Noch fortschrittlicher wäre es, bei der feliden Reinlichkeitserziehung die Benutzung des Katzenklos vorzumachen. Man sollte allerdings nicht der Versuchung erliegen, sich ganz auszuziehen, da die Verführung minderjähriger Katzen nach der Haager Katzenrechtskonvention mit nicht unter zwei Jahren Einzelhaft bestraft wird. Ersatzweise geht auch Maßregelvollzug in einer Katzenpension.

Für Karl Lagerfeld gibt es all diese Probleme nicht, zumindest nicht für ihn persönlich. Er hat zwei Angestellte für seine Katze. Die bekommt nicht nur Leckerlis, sondern es wird Tagebuch über sie geführt. Wenn der

Modegeck tagsüber seine Donnae Anorexiae bis zum Sturz in die Langeweile angeschaut hat, ist das Tagebuch sein spezielles Antidepressivum.

Katzen haben auch etwas gegen neue Familienmitglieder. Das sollte man bei der Familienplanung unbedingt berücksichtigen. Besser erst das Baby und dann die Katze als umgekehrt. Aber wahrscheinlich sollte man Katzenhaltern sowieso keine Kinder zumuten. Mittlerweile gibt es ja auch 12 Millionen Katzen in Deutschland, mehr als Kinder bis 14 Jahre.

Etwas Merkwürdiges läuft seit einigen Jahren in vielen Ländern Europas ab. Die Anzahl der Neugeborenen und Kinder nimmt immer mehr ab, die von Haustieren, wie Hunden und Katzen, immer mehr zu und zwar drastisch.

Für die Überlebensfähigkeit von Gesellschaften in der globalisierten Welt sicher keine besonders gute Entwicklung, besonders in Europa. Dieser Kontinent beherbergte vor 50 Jahren 20 % der Weltbevölkerung, 2012 nur noch 4 %. Es ist kein Zufall, dass Bücher mit dem ironischen Titel *Europa und der Rest der Welt* oder mit dem ganz ernst gemeinten *Die Angst des weißen Mannes* erscheinen.

Psychische Erkrankungen nehmen zu

Die medizinische Forschung hat so enorme Fortschritte gemacht, dass es überhaupt keine gesunden Menschen mehr gibt.

Aldous Huxley

Eines vorweg: Es ist nicht meine Absicht zu behaupten, dass psychische Erkrankungen eine reine Erfindung sind, die die Funktion hat, aus irgendeinem Grunde missliebige Zeitgenossen zu diskreditieren und wegzusperren, so wie dies der Psychiater Szasz in seinem Buch *Schizophrenie – das heilige Symbol der Psychiatrie* behauptet hatte. Wie er das mit seiner Tätigkeit als psychiatrischer Oberarzt in einer Klinik vereinbaren konnte, ist nicht bekannt.

Auch wäre es irrsinnig zu behaupten, dass alle Organe und Organsysteme des Menschen prinzipiell erkranken können, aber das komplexeste Organ, das Gehirn, gerade nicht. Natürlich gibt es psychische Erkrankungen. Diese werden in den letzten Jahrzehnten deutlich mehr diagnostiziert, sie treten nicht tatsächlich mehr auf. Das muss man auseinanderhalten. Denn die diagnostischen Systeme bieten keine harten, objektivierbaren Kriterien, um die häufigsten psychischen Erkrankungen von Lebenskrisen und daraus resultierenden traurigen Verstimmungen oder Befindlichkeitsstörungen zu trennen. Beispiel Depression: Nach dem derzeit gültigen Klassifikationssystem für psychische Erkrankungen ICD-10 sind häufige Symptome:

- Verminderte Konzentration und Aufmerksamkeit
- Vermindertes Selbstwertgefühl und Selbstvertrauen
- Schuldgefühle und Gefühle von Wertlosigkeit (sogar bei leichten depressiven Episoden)
- Negative und pessimistische Zukunftsperspektiven
- Gedanken an oder erfolgte Selbstverletzung oder Suizidhandlungen
- Schlafstörungen
- Verminderter Appetit

Abgesehen von Punkt 5 handelt es sich überwiegend um wachsweiche Kriterien, wie sie zeitweise für 70 % der deutschen Bevölkerung zutreffen dürften. Würde man dies mit einer Depression diagnostizieren, käme dies einer Pathologisierung alltäglicher (natürlicher) Befindlichkeitsstörungen gleich. Die Testpsychologie hilft auch nicht weiter. So beruht ein großer Teil dieser Tests auf Fragebögen zur Selbsteinschätzung. Diese kann aber völlig danebenliegen, genauso, wie die meisten Männer sich als hervorragende Autofahrer einschätzen. Das Dilemma der meisten psychischen Erkrankungen ist ja, dass es keine Labortests oder sonstige objektive Parameter für sie gibt. Die Bewertung des menschlichen Verhaltens, ob dies nun Ausdruck einer Erkrankung ist oder nicht, ist zudem ausgesprochen kulturabhängig. Nach Partner- oder Jobverlust sind in der Betroffenheitskultur viele Menschen in psychiatrischer Behandlung, die vor 20 oder gar 30 Jahren kein Psychiater gesehen hätte. Mentalitätsunterschiede spielen auch eine Rolle. So gehören Angsterkrankungen in Deutschland mittlerweile zum guten Ton, während sie in Italien kaum verbreitet sind.

Die posttraumatische Belastungsstörung wurde 1980 durch politischen Druck von Vietnam-Veteranen in das Klassifikationssystem der psychischen Erkrankungen (DSM-III, American Psychiatric Association) aufgenommen. Seitdem hat die Diagnose exponentiell zugenommen und ist weltweit die wohl am häufigsten simulierte Erkrankung. 1995 wurde der Fall des gesunkenen Fischereifahrzeugs *Aleutian Enterprise* bekannt, wo Rechtsanwälte überlebende Matrosen mit Symptomlisten gezielt darauf vorbereiteten, eine posttraumatische Belastungsstörung zu simulieren. Ebenfalls 1995 erschien das Buch *Bruchstücke aus einer Kindheit 1939-1948* wo der Autor Wilkomirski sich im Rahmen einer Psychotherapie an seine Traumata im Holocaust erinnerte. Das Buch erhielt Literaturpreise und wurde von Historikern empfohlen. Bis akribisch recherchiert wurde und herauskam, dass diese Kindheitserinnerungen frei erfunden waren. Über diesen Fall philosophierte Philipp Gourevitch, ein US-amerikanischer Autor und Journalist: „Nachdem ich mehr als sechs Monate den Unfug studiert habe, dem Wilkomirskis Phantasien und Verdunkelungen entsprungen sind, gilt meine Niedergeschlagenheit und große

Noch nie hatte der Mensch so viel Zeit, sich mit sich selbst zu befassen.

Sorge mehr der Kultur, die ihn zum Apostel der Erinnerung erhoben hat, als dem Mann selbst, für wen auch immer er sich halten mag". In der dauerreflexiv irritierten Gegenwartskultur kann alles zum Trauma werden. Waren es früher Naturkatastrophen, Krieg, Mord und Totschlag oder KZ-Haft, reichen heute schon Pensionierung, Verkehrsunfall oder Arbeitslosigkeit aus. Doch nicht nur bei der posttraumatischen Belastungsstörung, sondern beinahe bei allen psychischen Erkrankungen wird die Schwelle immer weiter abgesenkt. So wird sich zusehends um Leute gekümmert, die eigentlich nichts haben. Dann muss die Zahl der psychisch Kranken – oder besser: der Pseudokranken – rasant nach oben gehen. Man sollte sich hiervon nicht allzu sehr beeindrucken lassen. So wies der Psychiater Linden von der Forschungsgruppe Psychosomatische Rehabilitation in der Charité in Berlin nach, dass 75 % aller Arbeitsunfähigkeitsbescheinigungen auf psychiatrischem Fachgebiet einer kritischen Überprüfung nicht standhalten.

Eine Erklärung hierfür ist, dass nicht der Ausprägungs-
grad der Beschwerdesymptomatik ausschlaggebend ist,
sondern vielmehr arbeitsmarkt- und sozialrechtliche
Rahmenbedingungen. Heißt im Klartext: Vorbeugung
einer Kündigung, Weiterzahlen von Gehalt, Vermei-
dung von unangenehmen Konflikten mit Kollegen und
Vorgesetzten ...

Manchmal machen sich Psychiater auch über die eigene Zunft lustig. So publizierte Ulrich Streeck in dem
Fachblatt *Forum der Psychoanalyse* die *Generalisierte Heiterkeitsstörung* (GHKS). Dies sollte ein unangemessen fröh-
licher Gemütszustand sein, auch angesichts belastender
Lebensumstände. Bei Erkundigung nach weiterführen-
der Literatur erfuhren die Fachkollegen, dass es sich bei
dem Artikel um eine Satire handelte. Manche würden
ihm das bis heute übel nehmen, konstatierte Scherzbold
Streeck.

Halten wir also fest: Psychiatrie und Psychotherapie
sind auch (in der Postmoderne vielleicht zum größten
Teil) die Lehren von den erfundenen Krankheiten. Allen Anforderungen der Globalisierung zum Trotz: Noch
nie hatte der Mensch so viel Zeit, sich mit sich selbst zu
befassen.

Daraus ergibt sich sofort der nächste Grundirrtum: zu
wenig Plätze für Psychotherapie. Ganz sicher, wenn man
sich die Probleme anschaut, weshalb ein Psychothera-
pieplatz begehrt wird: Als Mobbing erlebte Konflikte in

Schule und Beruf; Partnerschaftskonflikte; warum En-kel nicht öfter bei der Oma anrufen; Vorbereitung einer homosexuellen Frau auf ihre Vaterrolle; wenn die Part-nerin durch künstliche Befruchtung Mutter wird etc.

Trauern
braucht professionelle Hilfe

Es mehrt unendliche Trauer das Elend.

Homer

1967 erschien das Buch *Die Unfähigkeit zu trauern* von den Psychoanalytikern Alexander und Margarete Mitscherlich. Gemeint war das Unvermögen der deutschen Gesellschaft in der Nachkriegszeit die NS-Vergangenheit aufzuarbeiten. Ob die Trauerarbeit des kritischen Bewusstseins der Frankfurter Schule eine größere war, ist nicht überliefert.

Spätestens seit den 1990er Jahren hat sich die Psychotherapie auch der Trauerarbeit hingegeben. War der Schmerz nach Verlust des Lebenspartners zu groß, gab's die Klinikeinweisung. „Irgendjemand muss sich doch darum kümmern", meinte meine damalige Chefin in einer kleinen psychiatrischen Abteilung am linken Niederrhein. Wenn es der Einzelne oder die Gesellschaft nicht mehr kann, muss es wohl die Medizin richten, im konkreten Fall die Psychiatrie bzw. Psychotherapie. Und wenn Hausärzte und Internisten das Jammern der Patienten nach einem Todesfall nicht mehr ertragen können, gibt's die Überweisung zum Facharzt für die Probleme, die das genervte Umfeld nicht mehr hören kann. Als niedergelassener Neurologe und Psychiater mit der Zusatzbezeichnung Psychotherapie bekam ich neulich gleich drei Patienten an einem Vormittag überwiesen, die um ihre verstorbenen Angehörigen trauerten, bei einem lag der Todesfall gerade erst vier Wochen zurück. Ob Gott mich prüfen wollte, weiß ich nicht, aber am selben Vormittag erreichten mich auch zwei Arztbriefe über stationär-psychiatrische Aufenthalte, wo die Trauerarbeit nach dem Tod des Katers bzw. nach dem Tod des Hundes ein wesentliches psychodynamisches Element für die Verlängerung des stationären Aufenthaltes war. Wie war das noch mit den viel zu wenig Psychotherapieplätzen in Deutschland? Aber vielleicht bietet ja die tiergestützte Psychotherapie die Lösung dieses Problems. So, jetzt ist das auch raus und es geht mir deutlich besser. Der Präsident der Bundestherapeutenkammer Professor Richter hat zur Trauer nach dem Verlust einer nahestehenden Person folgendes festgestellt:

Wer intensiv trauert, erfüllt zwar häufig formal die Kriterien einer Depression, ist aber nicht krank. Die meisten Trauernden verkraften ohne Behandlung den Verlust einer geliebten Person. Der Schmerz von Trauernden kann durchaus Monate oder über ein Jahr dauern und sollte nicht als behandlungsbedürftig gelten. [16]

Sehr vernünftig, was von oben verkündet wird. Es spiegelt aber leider nicht die Realität an der Basis wider. Spontan fällt mir da ein Artikel in der Fachzeitschrift *neuro aktuell* ein, wo Psychotherapie als Vorbereitung auf die Vaterrolle einer homosexuellen Patientin beantragt wurde. Doch zurück zur Trauerarbeit. Das ist zwar nicht die einzige Arbeit, die in Deutschland noch geleistet wird, liegt aber mächtig im Trend.

Doch ähnlich wie Helikoptermütter und Laissez-faire-Pädagogen letztlich das Gegenteil von dem erreichen, was sie erreichen wollen, wird auch Trauerarbeit durch Psychotherapie zu einer immer weiteren Absenkung der Schwelle zum psychisch Kranksein beitragen. Genau das ist aber derzeit in vollem Gange, die aktuellen internationalen Klassifikationssysteme psychischer Erkrankungen wie DSM-V und ICD-11 lassen grüßen. Um dem entgegenzuwirken bedarf es schon eines Weitblickes, wie ihn der Historiker und Sozialpsychiater Klaus Dörner hat. Wenn es zu arg wird mit der Inanspruchnahme psychologischer Hilfe empfiehlt er: Manchmal ist es die größte Hilfe, alle Hilfen zu unterlassen. Das soll nicht heißen, dass man den trauernden Patienten mit den Worten „das ist ihr Problem" abfertigt. Aber statt reflektorisch zum Überweisungsschein zu greifen wäre es besser zu sagen: „Es ist okay, wenn du trauerst. Du darfst trauern. Trauern gehört zum Menschsein dazu und du wirst es überwinden, auch wenn es heute nicht so aussieht".

Denn sonst wird aus so manch medizinischem Versorgungszentrum (MVZ) ein MTZ, ein medizinisches Trauerzentrum.

Aber es gibt noch einen anderen Aspekt. Dass Not und Tod zum Leben dazu gehören, weiß der Arzt nicht nur auf der Verstandesebene, sondern erfährt es in der Arbeit, ist damit täglich konfrontiert. Eigentlich nachvollziehbar, dass man sich privat nach diesem Thema nicht unbedingt verzehrt. Doch wenn man von der Sprechstunde nach vier mitgeteilten und mitbegleiteten Todesfällen zur Zerstreuung in den Buchladen geht, was sieht man da? Margot Käßmann: *Das Zeitliche segnen (…), in Frieden sterben*; Petra Anwar/John von Düffel: *Was am Ende wichtig ist. Geschichten vom Sterben*; Bronnie Ware/Wiebke Kuhn: *Fünf Dinge, die Sterbende am meisten bereuen*, Joachim Fuchsberger: *Zielgerade*; Charlotte Link: *Sechs Jahre – Der Abschied von meiner Schwester*, usw. Das baut auf. Schaltet man einen Fernseher ein, geht es weiter: Sterbehilfe, Patientenverfügung, Letzter Wille, Assistierter Suizid … Das baut noch mehr auf.

Die Saat der schweizer-US-amerikanischen Psychiaterin Elisabeth Kübler-Ross scheint gut aufgegangen zu sein. All ihren Verdiensten zum Trotz, mit ihrer fast schon kultischen Verehrung des Sterbens hat sie sich vom normalen (man verzeihe mir, dieses Wort jenseits der Zeit der Normalität noch zu benutzen) Fühlen und Empfinden weitestgehend suspendiert. Und ihre Epigonen, viel mehr noch deren begierige Leser und Zuschauer, die alles was mit Tod, Trauer und Sterben zu tun hat, begierig aufsaugen, haben sich vom rechten Maß komplett verabschiedet. Kleiner Hinweis – und man muss auch nicht Stephen Hawking gelesen oder Kosmologie studiert haben, um ihn zu verstehen –: Unser Globus ist ein Staubkörnchen im unendlichen Weltall und in der unendlichen Zeit, und alles, was mit dem Sterben zu tun hat, ist nur Camouflage, also eine selbsttäuscherische Abwehr des Geistes von Phänomenen, die ihn ängstigen. Es ist Lebenszeitvergeudung sich mit der ständigen Liturgie des Unausweichlichen zu beschäftigen. Und sobald es mit dem Sterben konkret wird, wird es auch paradox und heuchlerisch zugleich. Die Todgeweihten gibt man in das Krankenhaus oder Hospiz, und die Angehörigen ziehen sich mit der Käßmann'schen Betroffenheitsliteratur auf die Couch zurück. Einige, Gott sei Dank nicht alle.

Doch was sagt das über eine Gesellschaft aus, in der der Tod regelmäßig die Bestsellerlisten stürmt? Dass immer mehr ihrer Mitglieder ein religiöses, christliches, spirituelles Bewusstsein haben? Das hört sich gut an und wird in dem einen oder anderen Fall auch richtig sein. Ob es auch tatsächlich gut ist, wird das ablaufende Drehbuch unserer postmodernen Kultur erst noch zeigen. Denn dieses nekrophile Delir kann auch einen Rückschritt anzeigen. Wie, zeigt das Beispiel Afrika. Warum ist dies ein unterentwickelter Kontinent? Nicht nur weil er versklavt und kolonisiert war, sondern weil eine Sozialstruktur bestand und besteht, die maßgeblich durch den Ahnenkult geprägt ist. Tote Angehörige besetzen immer noch die Lebenswelt und bestimmen den Lauf der Gegenwart. Durch diesen Aberglauben wird Energie absorbiert mit der man eigentlich Gegenwart und Zukunft gestalten sollte. Auch wenn es diesen Ahnenkult in Europa nicht gibt, wird durch das manische Schielen auf die Unabänderlichkeit schlechthin die Energie für das Veränderbare geraubt, zumindest die Lebensqualität beeinträchtigt.

„Siehe die Trauer, sie ist Trauernden einziger Trost."

Robert Hamerling

Keine Sorge, es soll kein heroischer Realismus à la Ernst Jünger heraufbeschworen werden, bei dem anstehende Aufgaben und Verpflichtungen in Todesverachtung mit preußischem Pflichtgefühl erledigt werden. Aber ein wenig mehr Diesseitsbezug würde nicht schaden. Denn: Es gibt ein Leben vor dem Tod.

Der Mensch
braucht einen Ruhestand

Das Geheimnis des fruchtbaren Lebens
heißt gefährlich leben, darum:
Baut Eure Häuser an den Vesuv!

Friedrich Nietzsche

Was haben Michelangelo, Coco Chanel und Konrad Adenauer gemeinsam? Sie kamen nie in den fragwürdigen Genuss eines Ruhestandes. Mehr noch: Sie hätten ihn verachtet. Und nicht nur sie. Hätten Ingmar Bergmann oder Alfred Hitchcock Filme über Seniorensport drehen sollen? Oder über die Zusammenhänge von Blasenschwäche und Kürbiskernen? Wäre Bernhard Grzimek beim Unkrautjäten in einer Frankfurter Kleingartenkolonie glücklicher gewesen als beim Filmen von Wildtieren in Ostafrika? Natürlich gibt es Senioren, die schon mit 65 (oder schon viel früher) an vielen und schweren Erkrankungen leiden und gepflegt werden müssen. Aber es gibt auch eine nicht ganz unerhebliche Anzahl (die stetig wächst) von 80-Jährigen, denen gesundheitlich im Wesentlichen nichts fehlt. Wer dieses Glück hat, der kann auch noch am Erwerbsleben teilnehmen und für seinen Lebensunterhalt arbeiten. Weshalb das Modell der lebenslangen Arbeit eine Renaissance erfahren wird, ist Sozialutopisten nicht zu vermitteln. Doch schon lange bevor in 30 Jahren dreimal mehr 80-Jährige als heute in Deutschland leben, wird auch für diese Utopisten ein Ruhestand längst Vergangenheit sein. Warum?

Der bisherige Sozialstaat wird im Druck der Globalisierung zerrieben werden bis auf ein Minimum der Versorgung. Der Ruhestand oder die widernatürliche Abkopplung aus dem Erwerbsleben wird darin nicht enthalten sein. Betrachten wir die Alterspyramide. Da gibt es die Gruppe der 60- bis 80-Jährigen, die fitten Alten, die um die Welt jetten, regelmäßig Sport treiben, für den Marathon trainieren oder als gerontokratische Wutbürger von den Wipfeln der Stuttgarter Bäume hinunter gezerrt werden müssen. Wenn sie das können, dann können sie auch wieder am Erwerbsleben teilnehmen. Zumal ein ausgeprägter Fachkräftemangel herrscht, der von nachwachsenden Generationen nicht besetzt werden kann. Es ist kein Zufall, dass viele Rentner aus ihrem Lebensabschnitt ganz bewusst einen Unruhezustand machen.

Der flächendeckend praktizierte Ruhestand hingegen ist für zu viele Senioren der Motor für eine eigentümliche Mischung aus Degenerierung und Infantilisierung. Nicht gerade reife Verhaltensweisen nerven zunächst das unmittelbar familiäre Umfeld – oder was angesichts von Patchwork davon noch übrig geblieben ist. Wichtigste Frage: Warum rufen meine Kinder/Enkel etc. nur einmal im halben Jahr und nicht alle zwei Stunden an? Immer wieder spannend: Vergangenheit. Lässt sich zwar nicht mehr ändern, aber egal. Warum habe ich 1993 meine Frau beim Fremdgehen erwischt und für welche tiefere Lebensaufgabe war dies ein Symbol? Die Mehrheit der Rentner beschäftigt sich ernsthaft mit diesen Fragen. Nach dem genervten Bekanntenkreis, der diese Fragen nicht mehr hören kann, geht es weiter zum Hausarzt. Wenn der es nicht mehr hören kann, werden professionelle Berufsgruppen rekrutiert, Psychotherapeuten eben. Oder ein Coach. Oder wie immer man diese kommunikativen Harlekine auch nennen mag. Wer also meint, dass die moderne Berufswelt die Hölle auf Erden sei und ab der Berentung das Paradies beginnt, hat sich gründlich getäuscht.

Auf der anderen Seite ist die Gruppe der 20- bis 40-Jährigen. Wenig gebildet, konfliktscheu, handlungs- und entscheidungsschwach. Wohlgemerkt: Es handelt sich hier nicht um das übliche Gejammer der Alten über die Jungen, sondern um die Selbstbeschreibung der Menschen dieser Generation. Sie spiegelt sich seit mindestens 2008 wider in Büchern wie *Generation Doof*, *Doof it yourself* oder *Heult doch*.

Mit Generation Doof sind die gemeint, die zwischen 1963 und 1993 geboren sind. Zumindest einige – u. a. die

Autoren der o. g. Bücher – sind sich sehr wohl bewusst, dass ihre Bildung nicht gerade die beste ist. Dass ihnen das Abitur von dünnhäutigen, überforderten und Burn-out gefährdeten Lehrern nur deswegen überreicht worden ist, damit diese endlich Ruhe vor ihnen haben. Übrigens kann die zeitliche Ein-

Der Generationenvertrag ist seit mindestens 20 Jahren ein verkohltes Streichholz der Sozialutopie.

grenzung der Generation Doof auf die Zeit nach 1993 getrost ausgedehnt werden. Das Erziehungspotential und die kulturellen Rahmenbedingungen haben sich seit dem nicht wesentlich weiterentwickelt. Es sei denn, man betrachtet Internet- und Computerspiele als Intelligenz-katalysatoren. Ein großer Teil dieser Generation weiß nicht, was sie will und ist eine Liaison mit der Nicht-entscheidung eingegangen. Leider noch nicht wissend, dass dies immer die schlechteste Entscheidung ist. Auch wenn Jean Paul Sartre meint, dass auch eine Nichtent-scheidung eine Entscheidung ist. Aber das ist eine an-dere Geschichte. Auch das Handeln ist für die Kinder der 68er eine nahezu unüberwindbare Hürde. Disku-tieren, problematisieren und psychologisieren fallen ihr deutlich leichter. Nicht zufällig ist einer der beliebtesten Studiengänge Kommunikationswissenschaften. Oder „irgendwas mit Tieren machen". Mit Tieren muss man keine Kontroversen führen oder Konflikte aushalten. Den Kuschelfaktor gibt's gratis. Wenn diese Generation

eines Tages für sich selbst (und für ihre eigenen Thera-
pien und Nabelschauen) und, im Idealfall, auch noch für
ihre Kinder sorgen kann, hat sie das Maximum ihres Po-
tentials erreicht. Für die Rente ihrer Eltern oder gar für
vorhergehende Generationen wird sie keine Kraft mehr
haben. Der Generationenvertrag, durch den eine Generation den Lebensunterhalt der vorhergehenden nach
einer definierten Altersgrenze sichern soll, ist seit mindestens 20 Jahren ein verkohltes Streichholz der Sozialutopie. Denn die demografische Entwicklung lässt an
Eindeutigkeit wenig zu wünschen übrig. In nicht einmal
30 Jahren wird es dreimal so viele 80-Jährige geben wie
heute. Eine gestiegene Lebenserwartung in Verbindung
mit sinkenden Geburtenzahlen und einer dramatischen
Anzahl derer, die noch Leistung erbringen können, ohne
in die Rentenkassen einzuzahlen, werden nicht nur die
Alterssicherung in den nächsten zwei Jahrzehnten in ein
Wolkenkuckucksheim katapultieren. Dort wird wahrscheinlich der gesamte Sozialstaat landen. Auch wenn er
uns Deutschen noch so heilig ist. Die Rente ist sicher –
sicher die von Norbert Blüm. Alle anderen Renten sind
so sicher wie die Altersarmut von Bill Gates.

Das teilweise fast schon manische Schielen auf Rente
und Ruhestand wird durch die Entwertung der Arbeit
beschleunigt. Diese wiederum ist durch den Linksruck
der Politik begünstigt. Wenn ungefähr die Hälfte des er-
wirtschafteten Kapitals für Gemeinschaftsaufgaben als

Steuer abgeführt werden muss, dann ist dies zumindest eine Art Sozialismus light.

Bei Karl Marx ist fast ausschließlich von entfremdeter Arbeit, Lohnarbeit, Sklavenarbeit usw. die Rede. Wenn Arbeit überhaupt einmal positiv erwähnt wird, dann in der Form einer Beschäftigung nach einem utopischen Lustprinzip, wo der Einzelne jagt, sät und philosophiert. Von Selbstbestätigung oder Erfüllung durch Arbeit ist bei ihm kaum die Rede. Linke Ideologen und postmoderne Philosophen haben in den letzten 50 Jahren eine arbeits- und leistungsverweigernde Atmosphäre geschaffen, in der die eigenen Bedürfnisse zum goldenen Kalb geworden sind.

Die Globalisierung von heute (es hat sie schon immer gegeben, nicht erst nach dem Zerfall der Sowjetunion) hat Ernst Jünger (1895-1998) schon 1932 in seinem Essay *Der Arbeiter* ganz klar erkannt. Er rechnet dort mit dem Bürgertum ab, welches für ihn im Übermaß auf Absicherung fixiert ist, sich feige und advokatenschlau verhält und den Kontakt zur Natürlichkeit verloren hat. Wenn man Medikalisierung und Therapiesüchtigkeit noch hinzunimmt, könnte man diese Diagnose auf unsere Gesellschaft eins zu eins übertragen. Zum Gesellschaftsvertrag meinte er beispielsweise:

Es ist ein romantischer Gedanke, dass sich ihre Interessen, ihre Anwendung im Kampf um Leben und Tod durch Gesellschafts-

verträge unterbinden lässt. Die Prämisse dieses Gedankens ist,
dass der Mensch gut sei, der Mensch ist aber nicht gut, sondern er
ist gut und böse zugleich. Jede Berechnung, die der Wirklichkeit
standhalten soll, ist einzubeziehen, dass es nichts gibt, dessen der
Mensch nicht fähig ist. [17]

Die demografische Entwicklung läuft ungebremst weiter. Wir werden sie nicht aufhalten. Was ist zu tun? Was schlägt beispielsweise die Linke vor? Natürlich höhere Löhne, selbstverständlich die Verhinderung von Altersarmut durch steigende (!) und, logisch und weitsichtig gedacht, Ausstiegsmöglichkeiten vor dem 65. Lebensjahr. Ist doch klar, auch die Straßenbahn kann man an jeder Haltestelle verlassen. Die Linke ist großzügig. Man senkt das Renteneintrittsalter auf 60 Jahre, demnächst wahrscheinlich auf 45 Jahre. Ganz sicher ohne Abschläge. Muss man hierüber ernsthaft diskutieren? Nein, muss man ganz sicher nicht. Und dennoch sind Millionen Hirne davon infiziert. Weil die Linke irdische Erlösungsphantasien bedient, ein Phalansterium, also eine Lebensgemeinschaft, in der es jenseits der von Handel demoralisierten Welt möglich sein soll, in sozialer Harmonie zu leben, heraufbeschwört, was es so noch nie gegeben hat. Das Gegenteil sehr wohl. Was Sarah Wagenknecht nicht davon abhält, für Stalin öffentlich Sympathie zu bekunden.

Wer meint, diese Utopie sei nicht mehr steigerbar, dem sei der Parvenü der Drogisten, Götz Werner, empfohlen, der in dem Satz „Edel sei der Mensch, hilfreich und gut" das Wort „sei" durch das Wort „ist" ersetzt. Das mag für ihn durchaus zutreffen. Aber ganz sicher nicht für die Menschen, über die er schreibt. Das Grundeinkommen soll es richten.

1500 Euro im Monat. Mindestens. Losgelöst vom Druck der Arbeit soll nun die Kreativität

In dieser Epoche der Globalisierung wird niemand mehr abgeholt, wo er steht. Er wird sich schon selbst bewegen müssen.

der Menschen beflügelt werden. Und sie würden sich wieder den Klassikern Goethe und Schiller zuwenden. Deswegen gibt es auch so viele intellektuell hochwertige und anspruchsvolle Talkshows, die schon ab 9 Uhr morgens zu bestaunen sind. Das Gemeinwesen soll auch ohne Verlierer sein. Das hat es zwar noch nie in der Geschichte gegeben, aber was soll's. Die Rentenkassen sind leer und wir fordern das Grundeinkommen. Das ist ausgesprochen logisch, denn schließlich kann 2 plus 2 unter bestimmten atmosphärischen Schwingungen auch schon mal 7,5 sein.

Der Ausweg ist so einfach, dass ihm zunächst das gleiche Schicksal droht, wie der Wahrheit, die umsonst ist, die aber niemand hören will. Und dennoch: Es gibt Ärzte, Ingenieure, Rechtsanwälte, auch Handwerker, die ihren Beruf nicht ab einer bestimmten Altersgrenze aufgeben möchten. Gleichzeitig werden Fachkräfte gesucht. Und dass Altern keine Krankheit ist wissen wir schon lange. Auch wenn Sozialpolitiker es nicht hören wollen: Das Modell der „Lebenslangen Arbeit" ist der Ausweg. Er wird in den nächsten Jahren genauso selbstverständlich werden wie die Abschaffung des unsinnigen Ladenschlussgesetzes. Der Druck der Globalisierung wird dazu zwingen. In dieser Epoche wird auch niemand mehr abgeholt, wo er steht. Er wird sich schon selbst bewegen müssen.

Genau genommen hat das Modell der lebenslangen Arbeit schon begonnen. Dass niedergelassene Ärzte ab einem bestimmten Alter nicht mehr tätig sein dürfen, ist schon lange passé. Viele Rentner müssen zwei oder drei Nebenjobs übernehmen, um über die Runden zu kommen. Die Familienministerin fordert ein freiwilliges soziales Jahr für Rentner. Der Mensch als ewig Unruhiger, Suchender, immer Strebender. So wie Goethe ihn im Faust beschreibt. Oder wie es bei Shakespeare im Macbeth heißt: Denn wie ihr wisst, ist Sicherheit des Menschen Hauptfeind allezeit. Oder im Alten Testament, wo ein göttlicher Sendbote bei der Nachricht vom ewigen Ausharren und Abwarten von Jakob zu hören bekommt: „Wir können nicht ewig ausharren und warten. Wir müssen immer weiter gehen. Das ist unsere Natur".

Manchmal lohnt es sich dann doch, die Klassiker zu lesen.

Wir müssen achtsam sein

Wir sehen die Dinge nicht, wie sie sind,
sondern wir sehen sie, wie wir sind.

Talmud

„Europa klappt nicht nur in Europa nicht", sagte
der Obama-Herausforderer Mitt Romney im US-Wahl-
kampf 2012 und meinte damit die seiner Ansicht nach
auf Dauer nicht zu finanzierenden Transferleistungen
der europäischen Sozialstaaten. Auch amerikaskeptische
Wirtschaftswissenschaftler wissen dies nicht erst seit
Mitt Romney. Von der ach so sicheren Rente mal ganz
abgesehen. Und genauso wie Europa in Europa nicht
funktioniert, funktioniert Achtsamkeit nicht bei Bud-
dhisten in Tibet. Was postmodern verwirrte Europäer
nicht sehen, sind die vor gut einem halben Jahrhundert
stattgefundenen Intrigen und Machtkämpfe der tibeti-
schen Mönchsgemeinschaft. Der Dalai Lama entging
ihnen mit Flucht ins Exil durch speziell von der CIA
ausgebildete Kampa-Krieger. Womöglich wäre er sonst
Opfer eines Giftanschlags geworden. Achtsame Bud-
dhisten waren schon in der Vergangenheit dazu in der
Lage. Die platte Glorifizierung des dauergrinsenden Dalai Lama übersieht auch, dass Leibeigenschaft, Erbfolge
und Sklaverei gerade im Lamaismus Prinzipien der feu-

dalen Gesellschaftsstruktur waren. Die Tibetologin Jane Bunnag stellt in ihrer Analyse fest:

... Die Gläubigkeit ihrer frommen Gesellschaft verwehrt sich dagegen, dass sich die Mönche ihre Hände mit gesellschaftlichen und nationalen Entwicklungsprogrammen – im wörtlichen wie im übertragenen Sinne – schmutzig machen. Die Stärke der Mönche liegt darin, zwar in der Gesellschaft zu leben, aber nicht Teil der Gesellschaft zu sein, was den Wert ihres moralischen Einflusses steigert, ihre praktische Nützlichkeit jedoch auf ein Minimum reduziert. [18]

Ziemlich weltabgewandt. Genauso weltabgewandt und realitätsfern wie die Achtsamkeitsaspiranten des Westens. Sie definieren Achtsamkeit als „ein nicht tätiges und nicht bewertendes, auf den gegenwärtigen Moment gerichtetes Bewusstsein, in dem jeder Gedanke, jedes Gefühl oder jede Wahrnehmung, die in der Aufmerksamkeit entsteht, anerkannt und akzeptiert wird". Natürlich völlig frei von jeglicher Kritik und Ethik. Relativismus und anything goes.

Bloß nichts bewerten!

Schenken Sie dem Dschungelcamp genauso viel Aufmerksamkeit wie Aida von Giuseppe Verdi, Kate Moss so viel wie Elfride Jellinek und lesen Sie Feuchtgebiete genauso achtsam wie den Zauberberg von Thomas Mann. Die Luft, die sie atmen, ist überall, wie ein über den Erdball ausgegossenes Fluidum, und da alles mit allem irgendwie zusammenhängt, benetzten ihre Lungenmembrane Atome von Jesus Christus, Adolf Hitler und Hape Kerkeling. Und dann schauen sie mal, was das mit ihnen macht. Wenn ihr Chef sie beleidigt, seien sie zärtlich mit ihm und führen ihn achtsam in den Zauberkreis der argumentativen Vernunft zurück.

> *„Wer nicht an die Zukunft denkt, der wird bald große Sorgen haben."*
>
> **Konfuzius**

Jeder, der auch nur halbwegs geradeaus schauen kann, merkt rasch, dass er sich im realen Leben den Tenor von Achtsamkeit und Empathie in die Haare schmieren kann. Und dann die ach so intelligenten Fragen à la „Wie atme ich?" Kann ich meine Hände in den Schoß legen und in mich hinein horchen? Was ist in diesem Moment wirklich wichtig? Zumindest die letzte Frage lässt sich klar beantworten: Die gedankliche Auseinandersetzung mit zukünftigen Projekten, denn wer nicht an die Zukunft denkt, der wird bald große Sorgen haben, wie es Konfuzius schon formulierte.

Burn-out ist eine ernstzunehmende Krankheit

Wie unperspektivisch die Medizin
die Symptome einer Krankheit beschreibt!
Sie passen immer auch zu den eingebildeten Leiden.

Karl Kraus

Neulich in der Buchhandlung. Dort hat die Ratgeber-literatur offensichtlich den größten Raum erobert. Wie ich in einem Burn-out-Ratgeber nachlesen konnte, habe ich offensichtlich ein 20-jähriges Jubiläum, von dem ich bisher noch nichts wusste. Denn schon 1993/94 hatte ich die klassischen Symptome eines beginnenden Burn-outs. Warnsymptome: Ich nahm Arbeit mit nach Hause, diktierte Arztbriefe an den Wochenenden, konnte schlecht ruhig auf einem Stuhl sitzen, hatte das Gefühl, nie Zeit zu haben, verleugnete meine eigenen Bedürfnisse, und meine sozialen Kontakte beschränkten sich überwiegend auf Patienten. Innerlich unruhig und nervös war ich sowieso, zeitweise kamen sogar Schlafstörungen hinzu. Erste Fehlleistungen kamen auf. Ich ging zu keinem Therapeuten, so etwas wie einen Coach gab es damals noch nicht, und wenn doch, wäre ich dort nicht hingegangen.

Nach der Ratgeberliteratur von heute müsste ich mich umgebracht haben, chronisch depressiv geworden sein oder zumindest eine negative Einstellung zum Leben haben. Habe ich aber nicht. Wahrscheinlich, weil ich alles verdrängt oder die Supervision nach meiner Psychotherapieausbildung nicht fortgeführt habe. Oder ist vielleicht an dem ganzen Burn-out-Gerede irgendetwas faul – gerade weil es so häufig thematisiert und kommuniziert wird? Und Kommunikation über die Wirklichkeit ist ein hoch störungsanfälliger Prozess.

Wer wüsste das besser als Paul Watzlawik, Philosoph und Psychotherapeut. In seinem Buch *Wie wirklich ist die Wirklichkeit* beschreibt er eine merkwürdige Epidemie in der US-Stadt Seattle. Gegen Ende der 1950er Jahre stellten dort immer mehr Autobesitzer fest, dass ihre Windschutzscheiben von kleinen Pocken oder Kratzern übersät waren. Das Phänomen nahm so rasch überhand, dass eine Kommission die Hintergründe klären sollte. Zunächst fand man heraus, dass über die Schäden der Windschutzscheiben zwei Theorien im Umlauf

Stress ist die anthropologische Zumutung schlechthin. Was sind dagegen schon Seuchen, Kriege und Naturkatastrophen.

waren: Die eine machte russische Atomtest verantwortlich, deren Fallout diese Kratzer hervorriefen. Die andere sah in frisch asphaltierten Autobahnen die Ursache.

In Wirklichkeit war es durch die Berichte über po-

ckenartige Windschutzscheiben zu einem Massenphä-
nomen gekommen: Immer mehr Autofahrer untersuch-
ten ihre Scheiben, in dem sie sich von außen über diese
beugten und sie aus kürzester Entfernung prüften, statt
wie bisher einfach durch die Scheiben die Umwelt zu beobachten. Es war keine Epidemie beschädigter, sondern
angestarrter Windschutzscheiben.

Dieser scharfe Blick nach außen führt nach innen ge-
richtet zu Verzerrungen, die eine Fülle von Fehlwahr-
nehmungen bereithalten – besonders in einem Zeitalter
der Reflexion, in dem Spüren, Nachspüren, Entspan-
nen, Wohlfühlen und die existenzielle Frage „Tut mir
das jetzt gut?!" zur allgemeinen Leitmelodie geworden
sind. In vielen anderen Industrienationen der westlichen Welt, z. B. USA, gibt es diesen Burn-out-Rummel
nicht. Ob die Deutschen die Welt nicht so sehen, wie sie
ist, wie es mal ein Jungianer behauptet hat – wer weiß.
Aber vielleicht ist es ja genau umgekehrt, und die Menschen der gegenwärtigen Epoche sind erstmals seit der
Geschichtsschreibung mit Stress, der anthropologischen
Zumutung schlechthin, konfrontiert. Was sind dagegen
schon Seuchen, Kriege und Naturkatastrophen der Vergangenheit.

Alle Gespräche müssen
auf Augenhöhe stattfinden

„Chantal, heul leise."

Elyas M'Barek als Zeki Müller in *Fack ju Göhte*

Je nach Zeitgeist und Befindlichkeit können ganz bestimmte Worte im Nachhinein eine erstaunliche Erfolgsgeschichte aufweisen und sich geradezu inflationär verbreiten. Werden sie am ersten Tag nur von wenigen im Munde geführt, so sind einen Tag später schon Millionen Hirne infiziert. Grün, biologisch, nachhaltig, authentisch, transparent, gefühlt, wie fühlt sich das an, und, und, und, die Liste ließe sich beliebig lang fortsetzen. Seit dem Bundestagswahlkampf 2005 ist es das Wortbläschen „Augenhöhe", welches durch die antiautoritäre linksliberale Luftpumpe mittlerweile zu einer beachtlichen Größe aufgeblasen wurde. „Schau mir in die Augen, Kleines" wäre sexistisch bis pädophil, ein klarer Fall für den Staatsanwalt. Hingegen meint Augenhöhe vielmehr auf gleicher Ebene, ohne Hierarchie. Es ist eine ganzheitliche Vokabel, überparteilich, ausgesprochen beziehungsfähig, antihierarchisch und wahrscheinlich auch antifaschistisch. Augenhöhe ist die

Grundvoraussetzung jeglicher Kommunikation, ob mit Ausländern, Wählern, Parteivorsitzenden, Hunden, Behinderten, Frauen oder Geflügel. Obwohl nicht nur jeder Bauer insgeheim weiß, dass durchgeknallte Hühner nicht mehr durch Körner zu lenken sind, sondern nur durch Schrotflinten. Ein Meister des Gesprächs auf Augenhöhe ist Oskar Lafontaine. Denn er weiß, dass man manchmal mit Menschen sprechen muss, auch wenn klar ist, dass diese bescheuert sind. Diese Weisheit vertraut er auch seiner neuen Ehefrau, Sarah Wagenknecht, an. So wurde Die Linke hoffähig.

Manchmal muss Augenhöhe so richtig erkämpft werden. Zum Beispiel in der Schule, einem Ort des Idealismus und hoher sozialer Werte. Da passt der unsensible Frontalunterricht mit mehrstöckig unterschiedlichen Augenhöhen schon lange nicht mehr ins Bild. Der Erlebnispädagoge von heute sollte zunächst erspüren, was die ihm anvertrauten Zöglinge erwarten, was spannend sein könnte. Beispielsweise die Depression von Justin Biber, als er ein Eis lutschte und bemerkte, dass ihn dabei niemand beobachtete. Vielleicht klappt ja mit dieser Story die Überleitung zur Physik von festen und flüssigen Körpern einschließlich der temperaturabhängigen Dichte von H_2O und anderen Flüssigkeiten. Ob dies überhaupt wichtig ist, entscheidet natürlich nur die Diskussion mit den Schülern. Selbstverständlich auf Augenhöhe. Auch in der Arbeitswelt haben sich Gespräche auf

Augenhöhe bewährt. Sie steigern die Effizienz unge-
mein. Wie bei den Vorbereitungen zur Wiedereingliede-
rung. Hier sitzen alle an einem Tisch, auf einer hübsch
anzuschauenden Ebene ohne Hierarchie. Als da wären:
Personalamt, Personalrat, Schwerbehindertenvertreter,
Integrationsfachdienst, Wiedereingliederungsmanage-
ment, Trainingszentrum und – ja richtig, den Angestell-
ten oder Arbeitnehmer haben wir ja auch noch, gut ein-
gebunden durch die Akteure der Arbeitsvermeidung, die
Meister der psychologischen Gesprächsführung.

Und jetzt? Das ständige Gebrabbel um Gespräche auf
Augenhöhe wird dazu führen, dass die Bundesverteidi-
gungsministerin demnächst auf den Kitas der Kasernen
in die Knie geht, um mit den Kindern der Soldaten die
Einsätze der Bundeswehr auf Augenhöhe zu bespre-
chen.

Beruf, Familie usw. müssen vereinbar sein – der Vereinbarkeitswahn

*Immer wird es Eskimos geben,
die den Eingeborenen von Belgisch Kongo Verhaltensmaßregeln
für die Zeit der großen Hitze geben werden.*

Stanislaw Jerzy Lec

Sie streben eine Karriere als Gehirnchirurg, Astronaut oder Bundeskanzler an? Und Sie wollen gleichzeitig für ihre Frau der Mister Perfect sowie fürsorglicher Vater für Ihre Kinder sein? Ist doch alles kein Problem! Dafür gibt es doch mittlerweile zig Karriere-, Partner- und Familiencoaches, Elternführerscheine und Personaltraining. Das bisschen Selbstoptimierung werden Sie ja wohl noch hinkriegen. Und ansonsten können Sie ja immer noch auf Beratungsprogramme von Firmen und Universitäten zurückgreifen. Letztlich sind die dafür zuständig, dass Sie das alles auf die Reihe bekommen. Politik und Staat gibt es natürlich auch noch. Kann man sich absolut drauf verlassen. Vereinbarkeit ist Pflicht und Recht zugleich. Der größte Vorteil: Man muss sich nicht entscheiden, kann alles mitnehmen an Aufgaben, Pflichten, Erlebnissen und – spannenden Gefühlen. Dieses faszinierende Hin- und Heroszillieren zwischen Job, Familie, Gassigehen und wieder zurück. Die Rente ist sicher, noch sicherer die Work-Life-Balance.

Im realen Leben muss man sich allerdings entscheiden, ob 60- bis 70-Stundenwoche mit Aussicht auf eine Chefarztposition an einer Uniklinik oder treusorgender Familienvater. Die Work-Life-Balance ist Heuchelei, überzeugt sind von ihr nur die neunmalklugen Frettchen der Ratgeberliteratur. Wie soll der postmoderne Mensch demzufolge sein? Natürlich empathisch und gleichzeitig durchsetzungsfähig, authentisch und gleichzeitig diplomatisch, geschickt, achtsam und gleichzeitig zielorientiert, sich selbst verwirklichend und gleichzeitig sozial, selbstfürsorglich und gleichzeitig engagiert arbeitend, in sich ruhend und gleichzeitig dynamisch – wer sollte da nicht depressiv werden? So ist der kollektive Vereinbarkeitswahn ein wesentliches Einfallstor zur Volkskrankheit Depression.

Alle Entscheidungen müssen transparent sein

Die Transparenzgesellschaft ist eine Gesellschaft des Misstrauens und des Verdachts, die aufgrund des schwindenden Vertrauens auf Kontrolle setzt. (…) und führt letzten Endes zu einer Gleichschaltung.

Byung-Chul Han

Bei aller Kritik an der Reflexivität, bei der Transparenz muss differenziert werden. Für die Demokratie ist sie dringend erforderlich. Insbesondere angesichts der Tatsache, dass die USA foltern und die Verantwortlichen frei herumlaufen, die deutsche Bundesregierung Waffen in Krisengebiete und nicht demokratische Länder liefert und der Westen seit Jahren mit Russland Vereinbarungen bricht und wir von Edward Snowden eindringlich die Bedrohung der Privatsphäre vorgeführt bekommen haben. Wenn Abgeordnete den Stand des Freihandelsabkommens nur in einem Zimmer in Brüssel ansehen dürfen, ohne sich Notizen machen zu dürfen – hier fehlt Transparenz.

Anders im alltäglichen Miteinander. Hier es wird wohl nicht mehr lange dauern, bis ein Grundrecht auf Transparenz eingeklagt wird. Die Idee, dass jeder Bürger eine Entscheidung nachvollziehen kann, ist schon im Ansatz der Ausfluss eines Wunschdenkens. Denn Erkenntnis ist immer abhängig vom erkennenden Subjekt, was wir mindestens seit Kant wissen. Transparenz und Erkenntnis sind nicht synonym, aber die Transparenz ist die Voraussetzung zur Erkenntnis. Nur was nützt die Voraussetzung, wenn die Absicht sowieso nicht erreicht werden kann? Die Erkenntnisfähigkeit von Rüpeln und dauerreflexiv irritierten Subjekten ist zumindest anzweifelbar. Schon deshalb wird die penetrante Forderung nach Transparenz ad absurdum geführt. Darüber hinaus ist der Mensch laut Freud noch nicht einmal sich selbst gegenüber transparent. Da hatte Freud ausnahmsweise einmal Recht. Was Millionen nicht davon abhält, ihr Innenleben plus äußerer Hülle in die Ausstellungsräume des Internets zu stellen. Damit jeder jeden bewundern kann. Aber auch kontrollieren. Alle beobachten sich aufmerksam und keiner möchte Missfallen erregen. So ist es nur konsequent, dass Facebook einen Dislike-Button vehement ablehnt. Mit „gefällt mir" kommt ein Gespräch deutlich schneller in Gang. Wer hier an Gleichschaltung denkt und auch noch artikuliert, gilt als Spielverderber.

Alle müssen an einer
Entscheidung beteiligt sein

Brillante Einzelleistungen werden praktisch gekidnappt –
alle wollen irgendwie ein bisschen daran mitgewirkt haben.
Auf diese Weise können sich auch Minderbegabte
und Hochbegabte auf eine Stufe stellen.

Reinhard K. Sprenger

Deswegen freuen sich viele Bürger, die grundsätzlich politisch interessiert sind, auf den Wegfall der Sperrklausel, der es einer Vielzahl von kleinen und kleinsten Parteien, Gruppierungen und auch „Einzelkämpfern" möglich macht, in die Stadt- und Gemeinderäte zu kommen. So kann endlich über Hunderte von Punkten tiefschürfend diskutiert werden, und Ratssitzungen ziehen sich bis nach Mitternacht hin. Der Tag hat 24 Stunden, und wenn das nicht reicht, kann man ja noch die Nacht dazu nehmen, wie es der Alte Fritz schon seinen Offizieren empfohlen hat.

Doch nicht nur auf kommunaler Ebene wird es bunter, auch bei der Europawahl, dort wurde die 3 %-Hürde für verfassungswidrig erklärt. Geklagt hatten 19 kleinere Parteien, darunter die *NPD* und die *Piratenpartei*. Warum die 5 %-Hürde nicht auch bei der Bundestagswahl fallen lassen? Die partizipative Entscheidungsfindung läuft zur Höchstform auf und nimmt jeden mit, bzw. holt ihn dort ab, wo er steht, um es einmal mit einer trampelhaften Floskel des Gefühlssprechs auszudrücken. Natürlich sind wir tolerant und fordern auch einen Wegfall der Begrenzung der Redezeit. Denn die in den Bundestag gewählte Hundetrainerin kommt nicht so schnell auf den Punkt und wäre sonst dem akademisch vorgebildeten Parlamentarier gegenüber benachteiligt. Das alles kann man natürlich noch weitertreiben. Aber irgendwie erinnert es auch schon sehr an das Wiener Parlament 1907. Damals waren folgende Parteien vertreten:

- *Christliche Soziale*
- *Sozialdemokraten*
- *Deutsche Volkspartei*
- *Deutsche Agrarier*
- *Deutsche Fortschrittliche*
- *Deutsche Radikale („Wolfianer")*
- *Alldeutsche (Schönerianer)*
- *Tschechische Agrarier*
- *Jungtschechen*
- *Tschechisch Konservative*
- *Alttschechen*
- *Tschechisch-Fortschrittliche*
- *Tschechische Nationalsozialisten*

- *Polnische Nationaldemokraten*
- *Polnische Volkspartei*
- *Polnisch-Konservative*
- *Polnisches Zentrum*
- *Zionisten*
- *Italienische Konservative*
- *Italienische Liberale*
- *Slowenische Konservative*
- *Slowenische Liberale*
- *Rutenische Nationaldemokraten*
- *Altrutenen*
- *Kroaten*
- *Rumänen*
- *Serben*

Bürger unterhielten sich prächtig durch das aggressive Aufeinander„losfahren" der Parlamentarier. Eine konstruktive Zusammenarbeit war nicht vorgesehen und das Parlament wurde 1914 wegen Arbeitsunfähigkeit geschlossen. Die weitere Geschichte ist bekannt. Adolf Hitler war übrigens ein interessierter Beobachter des Wiener Parlaments und nutzte das schlechte Image später propagandistisch für seine Zwecke („Schwatzbude").

Bei der Europawahl 2014 waren in Deutschland folgende Parteien zugelassen:

- *Christlich Demokratische Union Deutschland*
- *Sozialdemokratische Partei Deutschland*
- *Bündnis 90/Die Grünen*
- *Freie Demokratische Partei*
- *Die Linke*
- *Die Republikaner*
- *Partei Mensch, Umwelt, Tierschutz*
- *Piratenpartei Deutschland*
- *Familien-Partei Deutschlands*
- *Freie Wähler*
- *Ab jetzt ... Demokratie durch Volksabstimmung – Demokratie für die Menschen*
- *Partei bibeltreuer Christen*
- *Ökologisch-Demokratische Partei*
- *Christliche Mitte – für ein Deutschland nach Gottes Geboten*
- *AUF – Partei für Arbeit, Umwelt und Familie*
- *Christen für Deutschland*
- *Deutsche Kommunistische Partei*
- *Bayernpartei*
- *Partei für soziale Gleichheit, Sektion der 4. Internationale*
- *Bürgerrechtsbewegung Solidarität (BüSo)*
- *AfD Alternative für Deutschland*
- *Bürgerbewegung Pro NRW*
- *Marxistisch-Leninistische Partei Deutschlands*
- *NPD Nationaldemokratische Partei Deutschlands*

- *Partei für Arbeit, Rechtsstaat, Tierschutz, Elitenförderung und basisdemokratische Initiative*

Abgesehen von den beiden großen Volksparteien, die sowohl 1907 als auch 2014 dominieren, sind die nationalistischen Bewegungen und andere durch tier- und bayernverliebte, Gleichheits- und Solidaritätsapostel, digitale Seeräuber und ewig gestrige Marxfetischisten ausgewechselt worden. Hunde-, Kaninchen- und Katzenparteien befinden sich noch im Vorlauf, sind aber schon jetzt der eher gleichheitsorientierten Tierschutzpartei ein Dorn im Auge.

Der Wegfall der Sperrklausel wird damit begründet, dass der Nachweis einer Behinderung der effizienten politischen Arbeit nicht erbracht sei und kleinere Parteien innovative Vorschläge einbrächten. Was durch einen Blick in die Parteiprogramme schlüssig belegt wird. So planen die Republikaner zur Stärkung und Festigung der Familie die Wiedereinführung des Verschuldungsprinzips im Ehescheidungsrecht. Klar, auch das muss geregelt sein, und für viele Detekteien eröffnen sich neue alte Betätigungsfelder. Die nicht gerade an Unterbeschäftigung leidenden Richter werden begeistert sein.

Die *Bayernpartei* fordert die Eigenstaatlichkeit. Das geht in Ordnung.

Die *Marxistisch-Leninistische Partei Deutschlands* spricht von hoffnungsvollen Anfängen des sozialistischen Aufbaus in den ersten Jahren der DDR. Der weitere Verlauf bis 1989 wird irgendwie weggelassen.

Mit solch einem kleinstaatlichen Firlefanz fängt die *Bürgerrechtsbewegung Solidarität (BüSo)* erst gar nicht an. Zumindest Kontinente müssen gerettet wer- *Pluralismus ist kein Wert an sich.* den, wenn nicht die ganze Welt. *BüSo* weiß, dass Europas Mission die Entwicklung Afrikas ist, eine eurasische Landbrücke zur Weltbrücke werden soll und eine neue Phase der Entwicklung der Menschheit eingeläutet wird. Kleiner geht gar nicht. Wer Menschheit sagt, will betrügen, sagte einmal Carlo Schmidt, der erfahrene *SPD*-Politiker und Literat der Nachkriegszeit. Was auf viele zutrifft, ganz sicher nicht auf *BüSo*.

Pro NRW wünscht die Einführung einer „Hochkultur", für das Wort Arierkultur fehlte das letzte Quäntchen Mut.

Christliche Mitte – für ein Deutschland nach Gottes Geboten weiß, dass die buddhistische Reiki-Energie (Anmerkung: Reiki ist eine ostasiatische Heilmethode zur Förderung der Selbstheilungskräfte) vom Teufel stammt.

Die Piraten schlagen „Cannabis-Social-Clubs" vor. Der mutige Vorstoß auf dem Bundesparteitag in Bochum im November 2012, Zeitreisen zu erforschen um Menschen zu helfen, deren innere Lebenswelt nicht der aktuellen chrono-normativen Wirklichkeit entspricht, wurde merkwürdigerweise nicht weiter verfolgt. Dabei hätte man damit Shitstorms verhindern können, bevor diese überhaupt entstehen.

Die Tierschutzpartei fordert neben einer vegetarischen Ernährung ein Ministerium für Tiere. Gerüchten zufolge ist das natürlich nur die Vorstufe. Denn die multidimensionalen Erlebniswelten der Postmoderne fordern ja viel mehr. So ist das Endziel ein Ministerium für Integration, Frauen und Geflügel.

Besondere Aufmerksamkeit verdient Programmpunkt 5 der *Partei für Arbeit, Rechtsstaat, Tierschutz, Elitenförderung und basisdemokratische Initiative*. Dort heißt es: „Markus Lanz soll Sendungen für Kinderpornos moderieren, damit die keiner mehr guckt". Nun gut, die letzte Partei entstammt dem Satiremagazin *Titanic* und ist ganz offen angetreten, um den Politikbetrieb zu verhöhnen. Formal und juristisch ist sie aber allen anderen Parteien gleichgestellt, wie beispielsweise der *SPD* und der *CDU*. Tatsächlich hat sie einen Sitz im EU-Parlament bekommen.

Bei so viel innovativem Potenzial kann es im Europa der Zukunft nur blühende Landschaften geben.

Pluralismus ist kein Wert an sich. Angesichts dieser tatsächlich formulierten Wünsche der bizarren Art müssen erste Zweifel an einer effizienten politischen Arbeit erlaubt sein. Das reflexive Denken mit dem utopischen Anspruch, auch den merkwürdigsten Interessen ein Forum zu geben, führt sich hier selber vor. Natürlich diskutieren nun die glühenden Anhänger der Reflexivkultur, was denn nun ein „bizarres Interesse" ist. Schauspiele dieser Art sind so lange unterhaltsam, bis für immer drängendere Probleme eine rasche Lösung gefunden werden muss, ob Finanzkrise, Folgen des Klimawandels oder Überalterung der Gesellschaft. Aber wahrscheinlich sind Zeitreisen ja das Passepartout für alle diese Probleme.

Europa muss afrikanische Flüchtlinge großzügig aufnehmen

Moral ist die Tendenz,
das Bad mit dem Kinde auszuschütten.

Karl Kraus

Männlich, weiß, heterosexuell – das Täterprofil der multikulti-geprägten Political Correctness schlechthin. Über 500 Jahre war Europa führend in der Kriegstechnologie und hat die Welt unter sich aufgeteilt, besonders Afrika, wo die Grenzen auf der Kongo-Konferenz 1884/85 in Berlin mit dem Lineal gezogen wurden, zum Teil völlig unabhängig von Naturgegebenheiten oder Stammesterritorien. Bevor man in das Landesinnere eindrang, betätigte man sich im Sklavenhandel, der ein Teil im atlantischen Dreieckshandel war. Von Großbritannien wurden Textilien oder Waffen nach Westafrika gebracht, um sie dort gegen Sklaven einzutauschen, die in der Karibik gegen Zucker getauscht wurden, der dann wieder in Großbritannien, mit hohem Gewinn, verkauft wurde und das Ganze konnte wieder von vorne beginnen. Die Wilden mussten leiden, und ihre Schicksale wurden vielfach verfilmt, ob in der Serie *Roots* oder im jüngsten Hollywood-Epos *12 years slave* vom Regisseur Steve McQueen, nicht zu verwechseln mit dem weißen Namensvetter. Der durch den Handel demoralisierte Europäer knechtet den Wilden im Urzustand – was immer das auch sein mag. Das war schon die These von Rousseau, der es mit seiner aufklärerischen und humanistischen Philosophie aber nicht allzu genau nahm und seine fünf Kinder in ein Waisenhaus steckte, um von ihrem Geschrei nicht belästigt zu werden.

Wenn man genauer hinschaut, ist auch die These vom unschuldigen Wilden nicht haltbar. So gingen die Afrikaner in den Zeiten des Sklavenhandels mit den eigenen Landsleuten nicht gerade zimperlich um. Sie überfielen ihre Nachbarstämme, um sie an europäische Sklavenhändler zu verkaufen. Zwischen 1700 und 1800 schätzungsweise 12 Millionen. So soll ein afrikanischer Stammesführer einem europäischen Kaufmann Folgendes erklärt haben: „Ihr habt drei Dinge, die wir brauchen, Pulver, Musketen und Kugeln. Und wir haben drei Dinge, die Ihr braucht: Männer, Frauen und Kinder."

Es ist bekannt, dass in dieser Zeit Europäer Afrikaner nicht als Menschen betrachteten, der Blick der Afrikaner auf die eigenen Leute scheint aber nicht viel besser gewesen zu sein. Und er scheint sich auch nicht wesentlich verändert zu haben. Die Korruption blüht, das Wohl der eigenen Familie und des Stammes zählt alles, das der übrigen Bevölkerung nichts. Die neuen schwarzen Herren übernahmen Geld und Luxus der weißen Vorgänger und interessierten sich nicht für das Elend ihres eigenen Volkes. Dieses soll großzügig in Richtung Europa entsorgt werden. Dessen reflexiv-empathischer Anteil der Bevölkerung ist hierfür nur zu gern bereit – natürlich nur, solange sie nicht selbst, sondern die Solidargemeinschaft für die Kosten aufkommen muss. Das ist die übliche Heuchelei bei solchen Geschichten.

Natürlich kann es nicht die Lösung sein, afrikanische Flüchtlinge erneut auf das Meer hinaus und in den sicheren Tod zu schicken. Und „die Lösung" habe nicht nur ich in diesem Dilemma nicht anzubieten. Was mich aber irgendwie stört ist, dass die neuen schwarzen Herren in den Ursprungsländern im europäischen Medienraum kaum existieren, wenngleich sie Macht- und Geldmittel hätten, um ihre Länder so umzugestalten, dass dieses Flüchtlingselend zumindest deutlich reduziert würde.

Szenenwechsel. 2013 erzählte der US-amerikanische Action-Thriller *Captain Philipps* den Piratenangriff auf das Containerschiff Maersk Alabama, in dem somalische Piraten es schaffen, ein Schiff zu entern, deren Besatzung intellektuell und technologisch weit überlegen ist. Dem reflexiv-empathischen Bewusstsein des Westens sei es gedankt. Man verteidigt sich nicht, jedenfalls nicht angemessen, was eigentlich völlig normal wäre. Stattdessen lässt der Westen sich von halbstarken Analphabeten vorführen. In beiden Fällen, ob Armutsflüchtlinge oder Piraten, ist es das übertrieben reflexive Denken (Wie stehen wir vor der übrigen Welt da? Wir müssen uns in den anderen hineinversetzen! Was würden wir in einer solche Lage tun?), welches konsequentes Handeln verhindert und durch das sich die Akteure des Westens zu Hampelmännern machen. Der politisch Kundige weiß, dass es in Somalia seit langer Zeit keine funktionierende Regierung gibt und der Westen dies ausgenutzt hat. Mit industriellen Fischereimethoden wurde innerhalb der nationalen Zone den Fischerfamilien ihre Lebensgrundlage weggefischt und Giftmüll verklappt. Insofern kann man für das Verhalten dieser „Piraten" ein gewisses Verständnis haben. Doch bei allem Schuldbewusstsein ist dies kein Grund, sich in einer Notsituation nicht selbst zu verteidigen.

Alle Menschen sind gleich

Im Allgemeinen erreicht der Mensch den Platz, der ihm gebührt. Diese Bemerkung darf nicht nur positiv verstanden werden: Die Bestimmung des Menschen kann auch sein, dass er versagt.

Ernst Jünger

Das dachten schon die französischen Revolutionäre und schickten die Zeitgenossen, die die Hausaufgaben der Gleichheit suboptimal erledigten, auf die Guillotine, wo sie erledigt wurden. Dadurch entstand noch mehr Gleichheit und alle Franzosen glichen irgendwie immer mehr Napoleon. Dieser fand in der Zukunft viele Apostel, die die Ersatzreligion Kommunismus gründeten, die zeitweilig im Kalten Krieg ein Drittel des Globus beherrschte. In diesem Drittel waren die Menschen zusätzlich besonders frei, ob bei den Roten Khmer oder im Archipel Gulag. Schon möglich, dass auch diese Revolutionäre und Sozialexperimentatoren dem Vereinbarkeitswahn erlegen waren, obwohl Freiheit und Gleichheit kategorisch unvereinbar sind. Wenn alle Menschen nicht nur die gleichen Rechte haben (so war es ursprünglich gemeint, danach kam nur noch Verdünnung und Verwässerung dieser ursprünglich guten Idee), sondern ihnen in vermeintlicher aber eben falscher Analogie auch die gleichen Fähigkeiten und Bedürfnisse unterstellt und sie entsprechend behandelt werden, dann sind sie nicht mehr frei. Denn wenn alle ihre eben immer nur individuellen Anlagen, Bedürfnisse und Interessen ausleben (können), quasi ihren Stiefel durchziehen, dann sind sie notgedrungen nicht mehr gleich. So einfach ist das, oder: in simplex veritas, wie der Lateiner zu sagen pflegt. Natürlich widersprechen sich die Gleichheitsapostel am laufenden Band, so dass die Heuchelei offensichtlich wird. Alle Menschen sind gleich – deswegen haben wir ja auch eine personalisierte Medizin, suchen nach individuellen Lösungen und erforschen in psychotherapeutischen Räumen unsere ureigensten Wünsche und Bedürfnisse. Und die Gleichheit macht beim Menschen nicht halt. So denken radikale Tierschützer, dass zwischen Menschen und Tieren kein prinzipieller Unterschied bestehe. Deswegen soll für sie auch das Grundgesetz geändert werden. Ein Metzger ist mindestens so schlimm wie ein Pädophiler. Ob man eine lästige Mücke abwehren darf, ist noch in der Diskussion.

Die Deutschen in der Welt

Sind die Mythen der Reflexivkultur ein deutsches Spezifikum? Wohl kaum. In so gut wie keinem anderen Land wird einigen dieser Mythen aber so verbissen hinterhergejagt wie in Deutschland. Hatte dieses Land die Welt 1945 an den Abgrund gebracht, so meint es heute, die Weltretternation Nr. 1 zu sein. Beispiel Fukushima. In Japan kommt es zum GAU und hierzulande, 9.000 km entfernt, gibt es keine Jodtabletten mehr zu kaufen. Doch dabei belassen wir es nicht. Auch wenn die Risiken der Atomenergie vor und nach Fukushima dieselben sind, Tsunamis hier in den letzten 10.000 Jahren noch nicht beschrieben worden sind und Erdbeben nicht wie in Japan zum Alltag gehören, wird die Energiewende beschlossen und stoisch verteidigt. Übrigens als einziges Land weltweit. Auch verfolgt keine Industrienation der westlichen Welt so verbissen die Reduktion seiner CO_2-Immissionen. Die CO_2-Hypothese als Hauptursache für den Klimawandel wird von den politischen Entscheidungsträgern und den entsprechenden Medien als Amen in der Kirche aufgefasst und gehört zu den unhinterfragten Selbstverständlichkeiten der Reflexivkultur speziell deutscher Prägung. Vieles wird hier aber ausgeblendet. Beispielsweise dass das wichtigste Treibhausgas Wasserdampf ist und nicht Kohlendioxid. Dieser verursacht mit ca. 60 % den Treibhauseffekt der Atmosphäre. Danach erst kommt Kohlendioxid mit einem Anteil zwischen 12 und 30 %, wobei davon rund 97 % natürlichen Ursprungs sind (Vulkanausbrüche, Waldbrände, Verrottungsprozesse etc.). Der Treibhauseffekt ohne menschliche Einwirkung wäre nur um rund 1,5 % geringer, da die Hälfte der 3 % der von Menschen freigesetzten Mengen von der Natur resorbiert wird. Zudem zeigen Untersuchungen von Eiskernen, dass in den letzten 400.000 Jahren kein Zusammenhang zwischen Temperaturanstieg und dem Anstieg von CO2 festgestellt werden konnte. Ja es war in den letzten 6.000 bis 8.000 Jahren sogar bedeutend wärmer als heute bei viel geringerem CO2-Gehalt der Atmosphäre. Und die Eisbären lebten auch, als Grönland (Greenland) noch von grünen Wiesen bedeckt war. Davon spricht kaum jemand. Und die über 100 renommierten Wissenschaftler aus aller Welt, die sich gegen die CO2-These 2007 in einem offenen Brief an die UNO wandten, wurden ohne Gegenargumente ignoriert oder diskreditiert (vgl. www. terra-kurier.de/UNOBf1.pdf).

Deutschland im Wolkenkuckucksheim erträumt sich die Welt wie sie sein sollte und bemerkt gar nicht, wie sie tatsächlich ist. Kann dies ein völkerpsychologisches Merkmal sein? Doch darf man in Zeiten wie diesen überhaupt einen Begriff wie „völkerpsychologisches Merkmal" benutzen? Auch wenn die durchgegenderte Integrationsbeauftragte nach Luft schnappt: ja, darf man, ganz klar. So zeigten Zwillings- und Adoptionsstudien in den 60er und 70er Jahren des letzten Jahrhunderts immer deutlicher, dass psychologische Eigenschaften in hohem Maße vom genetischen Erbe bestimmt sind. So zeigten chinesische Babys in Asien dasselbe Verhalten wie Babys chinesischer Abstammung in Amerika. Im Vergleich zu europäischen Babys waren sie nach der Geburt deutlich passiver und weniger leicht erregbar, also korrelierend mit einer Zivilisation mit hochdifferenzierten Verhaltensnormen, in denen Impulsivität und Reizbarkeit eher tabuisiert sind. Doch nicht nur in Zwillings- und Adoptionsstudien lassen sich deutliche Hinweise für völkerpsychologische Hinweise finden. Ein weiteres Indiz hierfür ist der Neurotizismus-Index. Unter Neurotizismus versteht man eine genetisch bedingte Verminderung der psychischen Belastbarkeit, die bei den entsprechenden Individuen bei hohen Anforderungen zu neurotischen Symptomen führt, z. B. Ängsten, Depressionen, hypochondrischen Befürchtungen, hysterischen Verhaltensweisen etc. In den Neurotizismus-Index fließen übrigens auch Daten über Suizide und Suchterkrankungen ein. Neben Japan, Italien und Österreich liegt auch Deutschland beim Neurotizismus-Index regelmäßig ziemlich weit vorn. Es sind zugleich auch die Länder, die den 2. Weltkrieg verloren haben und nach ihren Aggressionen auch selbst entsetzlich aggressive Kriegshandlungen einstecken mussten, wie beispielsweise das Flächenbombardement auf deutsche Städte.

Auch die Sprache als eine Funktion des Denkens spiegelt die Charakteristika der deutschen Seele gut wider. Mindestens seit der Reformation sprechen die Franzosen von der Lourds Allemands, der deutschen Schwere. Von German Angst, der möglichen Nachwirkung aus dem 30-jährigen Krieg, der zum großen Teil auf deutschem Territorium ausgetragen wurde, oder Le Waldsterben ganz zu schweigen. Aber auch die Sprache der Deutschen, insbesondere die Schreibart mit der Großschreibung in Substantiven, die es so nur in Deutschland gibt, kann durchaus auf den Hang der Deutschen zur Genauigkeit, zum präzisen Erfassen des Wesentlichen hindeuten. Bis zum Faustischen ist es dann nicht mehr allzu weit. Vieles wörtlich nehmen, sich einem Ideal unterordnen, das Ganze verbunden mit einer gewissen inneren

Unruhe und dem Bedürfnis, etwas Großes zu bewirken. Die Überhöhung des Ideals und die damit einhergehende Realitätsverweigerung haben in der deutschen Geistesgeschichte eine lange Tradition, angefangen in der Romantik, der Gegenbewegung zur Aufklärung, der Abwendung von den Naturwissenschaften. Exemplarisch hierfür steht Goethes Farbenlehre. So begnadet der Dichterfürst als Literat war, so dilettantisch lag er bei den Naturwissenschaften daneben. In seiner Farbenlehre versuchte er den Beweis zu erbringen, dass der weiße Lichtstrahl sich nicht aus den einzelnen Farben zusammensetzt, sondern sich die Farben aus der gegenseitigen Beeinflussung von Licht und Finsternis ergeben. Newton hatte aber experimentell klar bewiesen, dass der weiße Lichtstrahl sich mit Hilfe eines Prismas und einer genau definierten Versuchsanordnung sehr wohl in die einzelnen Farben zerlegen lässt. Auch Goethe begab sich in die – nach seinem Selbstverständnis – Niederungen der Elementarphysik und führte das Experiment ebenfalls durch. Jedoch nicht in der exakt gleichen Anordnung von Lichtstrahl, Prisma, Raum und Hintergrund. Aber genau darauf wäre es angekommen. So sah Goethe nur einen unverändert weißen Lichtstrahl vor und nach

> *„Franzosen und Russen gehört das Land, das Meer gehört den Briten, wir aber besitzen im Luftreich des Traums die Herrschaft unbestritten."*
>
> **Heinrich Heine**

dem Prisma. Und schlussfolgerte natürlich, dass Newton falsch läge. Er ging sogar noch weiter und behauptete, dass präzises experimentelles Vorgehen generell nicht in der Lage sei, Phänomene der Natur aufzuklären. Seine Argumentationsweise war exakt die eines postmodernen Philosophen – ich sehe etwas so, erlebe es subjektiv so, deute es entsprechend und dann ist es auch so. Und eine naturwissenschaftliche Überprüfung hat sich erledigt. Goethe sah in den Naturwissenschaften eine Entfremdung des Menschen von der Natur, weil seine Bedürfnisse nach Harmonie und Ganzheit dabei nicht befriedigt würden. Technische Apparate und exakte Experimente waren ihm völlig zuwider. Goethe, die Identifikationsfigur der Deutschen schlechthin, war die Symbolfigur der Gegenaufklärung Romantik. So starrsinnig wie Goethe seine zwar harmonische, ästhetische, ganzheitliche aber letztlich falsche Farbenlehre verteidigte, genauso starrsinnig befolgen die Deutschen die Mythen der Reflexivkultur.

Der dauerreflexive Hypersensitivismus

... wird meisterhaft karikiert in dem Film *Mach's noch einmal Sam* mit Woody Allen in der Hauptrolle. Er spielt einen Neurotiker im New York der 1970er, der natürlich in Therapie ist, alles in Frage stellt, auch das Selbstverständlichste, dem vor lauter Reflexion die Intuition abhandengekommen ist. Natürlich ist er übersensibel, alles stört ihn, folglich macht er das Banalste zum Thema. Dass keine Frau das auf die Dauer mitmacht, erfährt er natürlich auch, lebt in Scheidung und kommentiert die Info seiner Ex (mein Anwalt ruft deinen Anwalt an) mit dem Satz: „Ich hab gar keinen Anwalt, er soll meinen Arzt anrufen". Die Scheidung setzt ihm schwer zu. Als sein Freund mit seiner Frau zur moralischen Unterstützung kommt, beginnt diese ein Gespräch mit Woody über diverse Befindlichkeitsstörungen einschließlich diverser psychotherapeutischer Möglichkeiten. Dies erwidert der Freund nur lakonisch mit: „Heiratet doch und zieht zusammen ins Krankenhaus". Woody Allens Psychiater macht natürlich aus allem ein sexuelles Problem. Dabei hätten sie ja gar nichts Sexuelles gehabt, „nur mal so vorne an". Die Flitterwochen verbringt er im Bett, nicht wegen unbändiger sexueller Lust, sondern „ich hatte Durchfall". Sein großes, unerreichbares Vorbild ist natürlich Humphrey Bogart, der wieder auferstanden sich lässig auch in diesem Film präsentiert. Woody Allens Beziehungswünschen erteilt er eine Absage mit dem obercoolen Spruch: „Beziehung, wo hast du denn das Wort her, von deinem Seelenklempner aus der Park Avenue? Ich geb' dir 'nen guten Tipp, vergiss das, von wegen Beziehung". Das tut er aber nicht, wird hierbei von seinem Freund unterstützt, der ihn zu verkuppeln versucht. Auch dort versagt Woody Allen, spricht nicht aus, was er denkt, spielt statt dessen wieder den coolen Typen und kreiert Sprüche wie: „Ich bin Regenfan, er spült die schmutzigen Erinnerungen in den Rinnstein des Vergessens", oder: „Der Trick bei der Innenarchitektur ist, dass es nicht nach einem Innenarchitekten aussieht". Wenn er seine Reflexivität überwinden will, dann mit gnadenloser Überkompensation, die kräftig nach hinten losgeht.

Ebenfalls dauerreflexiv getuned wandelt Erika Jongs Heldin durch das Leben im 1973 erschienenen Roman

Angst vorm Fliegen. Irgendwann weiß sie, dass auch die unwichtigsten Entscheidungen nicht getroffen werden können, ohne dass beide Ehepartner ihren jeweiligen Analytiker mit einbeziehen. Nebenbei bemerkt, „einbeziehen", man sollte es zum Unwort des Jahres machen, ein Wort, an dessen empathischer Ausdünstung alle Entscheidungsprozesse zu ersticken drohen.

> *„Ich hasse die Wirklichkeit, aber es ist der einzige Ort, an dem man ein gutes Steak bekommt."*
> Woody Allen

Doch zurück zu Erika Jongs Heldin. Sie kennt sich gut aus in der Psychoanalyse, schließlich war sie bei sechs Psychoanalytikern in Behandlung, mit dem siebten ist sie verheiratet und mit einem achten wird sie in Wien eine leidenschaftliche Affäre haben. Diese durchaus sympathische, aber stets hyperneurotische Protagonistin ist immer auf der Suche danach, wer sie tatsächlich ist, was sie eigentlich will und was sie noch viel lieber haben will. Die spannendste Frage aber ist für sie, warum einfach nichts so ist, wie sie es sich vorgestellt hat.

Im Film und im Buch kann man sich über die dauerreflexive Lebensform köstlich amüsieren. Im praktischen Alltag ist das alles nicht mehr zum Lachen, privat oder beruflich. Wie gesagt, dass die Rüpel nerven, ist hinlänglich bekannt. Die Dauerreflexiven nerven aber mindestens genauso. Sie sind so sensibel, fühlen sich dauernd gestört und machen alles zum Problem. Bietet man eine Lösung an, muss diese natürlich hinterfragt werden. Fragen alleine reicht selbstverständlich nicht aus. Einfache Lösungen gehen schon mal gar nicht, ganz im Gegenteil, vor diesen muss man Angst haben. Wie die Psychologenfrontfrau der Piraten so schön zu sagen weiß. Überhaupt stehen Lösungen, Ziele und Entscheidungen unter Generalverdacht, sind vielmehr Ausdruck einer unsensiblen und eindimensionalen Lebensform. Erst das kritische Bewusstsein lehrt, dass für den, der nur einen Hammer hat, jedes Problem zum Nagel wird. So muss der kommunikative Werkzeugkasten natürlich über das differenzierteste und ausgefeilteste Vokabular verfügen, um sich der komplexen Wirklichkeit allmählich und behutsam zu nähern. Von einer Lösung sind wir noch Lichtjahre entfernt, wenn es sie überhaupt gibt bzw. geben soll. Zunächst einmal spricht man nicht über irgendetwas, sondern kommuniziert. Der Sinn ist, in Beziehung zu treten. Sache und Problem interessieren nur vordergründig. Die Basis einer gelungenen Kommunikation ist Psychologie. Hier ist der Dauerreflexive immer auf dem neuesten Stand, ob Achtsamkeit, Empathie, transformiertes Bewusstsein, ganzheitlich, inneres Kind, traumatisiertes Selbst, Burn-out – oder was auch immer das pflaumenweiche Psychovokabular zu bieten hat. Er surft immer schön auf der Welle des Zeitgeistes und reflektiert hochsensibel. Bei diesen Innenschauen entdeckt er so viele Probleme, die selbst das beste Gesundheitssystem nicht befriedigen kann. Als Aushilfe bieten sich Selbsthilfegruppen an. Für Hochsensibilität, gegen Mobbing, für verstoßene Großeltern, gegen weiße, dickbäuchige, heterosexuelle Hausbesitzer, für diskriminierte homosexuelle Friseure, für Sex- und Liebessüchtige, für Angehörige und Betroffene. Betroffen? Ja genau, das Modewort der Achtziger, das von Politikern aller Couleur vermehrt im Munde geführt wurde, ist einige Jahrzehnte später in der Gesellschaft ein klein wenig weiter unten angekommen.

Das reflexive Denken macht auch vor der Berufswelt nicht Halt. Durch die allmähliche Verdünnung der Arbeit durch Mitarbeitergespräche, Gespräche mit dem Betriebsrat, Supervisionen, Teamsupervisionen und, und, und, gleicht manche Behörde mehr einer Selbsthilfegruppe als einer Arbeitsstelle. So ist es auch kein Wunder, dass diese von immer mehr Arbeitnehmern mit einem Therapieplatz verwechselt wird (siehe Burn-out).

Das gilt auch für die freie Wirtschaft. Hier ist es das Meeting, wo Kommunikation der „narzisstischen"? (natürlich, welcher sonst!) Selbstdarstellung dient und nicht der Problemlösung. Die Wahrscheinlichkeit, dass nach einem Meeting etwas anders wird, geht gegen Null. Zu toppen sind Meetings nur durch Karate- und Yogakurse, die manche Firmen den Mitarbeitern aufs Auge drücken, die bestimmte Verkaufszahlen unterschreiten. Ein Hauch Fernost soll sie wieder nach oben bringen. So die Theorie. In der Praxis geschieht dies durch die fristlose Kündigung dauerreflexiv übersteuerter Mitarbeiter.

Die Sprache der hypersensitiven Dauerreflexivität

Sprache ist eine Funktion des Denkens, und diffus wie der Dauerreflexive denkt, genauso schwammig und vage spricht er auch. Bloß niemandem zu nahe treten. Er könnte beleidigt und gekränkt sein, oder, noch schlimmer, sich diskriminiert fühlen. Political Correctness ist angesagt, immer schön neutral, nicht wertend. Dieses puddingweiche Gefühlssprech ist nicht nur Ausfluss des postmodernen Denkens, sondern wirkt auch als permanentes relativistisches Gehirnfütterchen auf dieses zurück. Alles soll neutral und sensibel sein, geschlechtersensibel, kultursensibel, kleintiersensibel. So sitzt nun der dauerreflexive Gutmensch bei seinem veganen Frühstück und verfasst Artikel für *Psychologie heute* oder den

Stern, wo auf einer halben DIN-A4-Seite mindestens einmal die Worte menschenverachtend, homophob oder umgekehrt achtsam und selbstfürsorgend auftreten. In diesem Schmuseepos wird alles so achtsam und sensibel durchgespült, dass alle Konturen verblassen und keine klaren Benennungen mehr möglich sind. Sie sind auch nicht gewünscht. So werden aus Behinderten Menschen mit besonderen Eigenschaften, aus Vergewaltigung negative Intimität, aus asozialem Milieu ein komplex sozialer Hintergrund. Insbesondere die Nymphen der feministischen Linguistik fahren hier zu Höchstform auf. So ließ, wie gesagt, die Uni Leipzig im Frühjahr 2014 den Titel ihrer Dozenten so umschreiben, dass alle in weiblicher Form erscheinen, aus Herr Professor wurde „Herr Professorin". Wahrscheinlich wird aus Schwachsinn demnächst „intellektuell anders". So anders, wie die Intellektualität dieser feministischen Linguistinnen. Um diesen geistigen Begabungen auf die Schliche zu kommen, hilft vielleicht die funktionelle Kernspintomographie weiter, ein radiologisches Verfahren, mit dem es möglich ist, die beim Denken und Fühlen aktiven Gehirnareale darzustellen. Damit wurden schon viele Probanden untersucht, u. a. Pädophile, Depressive, Taxifahrer und Zen-Buddhisten. Die Ergebnisse waren nicht immer eindeutig. Eventuell könnte die funktionelle Kernspintomographie bei feministischen Linguistinnen ein eindeutiges Ergebnis liefern: „Total plemplem".

Das Schizophrene der Postmoderne

Stavros Mentzos, der ehemalige (1971-1995) Leiter der Abteilung für Psychotherapie und Psychosomatik der Universitätsklinik Frankfurt am Main, beschrieb 2002 in seinem Aufsatz *Die bemerkenswerte Korrespondenz zwischen der Selbstfragmentierung in der Psychose und der Dezentrierung und Inkonsistenz in der Postmoderne* die auffallenden Ähnlichkeiten zwischen einer Schizophrenie und der postmodernen Philosophie. Die Auflösungsprozesse der Persönlichkeit in der Schizophrenie und der Kultur in der Postmoderne sind in der Tat nahezu deckungsgleich. Doch zunächst einmal – worum handelt es sich eigentlich bei der Krankheit Schizophrenie? Ganz sicher nicht um eine Krankheitserfindung, wie dies Szasz in seinem Buch *Schizophrenie – das heilige Symbol der Psychiatrie* 1968 beschrieben hat, wonach Schizophrenie ein gesellschaftliches Konstrukt sei, um unangenehme Individuen zu diskriminieren und wegzusperren. Vielmehr handelt es sich um eine echte Erkrankung, von der ca. 1 % der Weltbevölkerung betroffen ist. Übrigens ziemlich unabhängig vom kulturellen Kontext oder politischen System. Familien-, Zwillings- und Adoptionsstudien belegen in eindrucksvoller Weise, dass diese Erkrankung zu einem wesentlichen Anteil genetisch determiniert ist. Bei der Manifestation dieser Erkrankung dürfen jedoch psychologische Faktoren nicht unberücksichtigt bleiben. Dies beinhaltet das Stress-Vulnerabilitäts-Konzept. Man geht davon aus, dass die genetisch bedingte Vulnerabilität, also die Verletzbarkeit durch Stressfaktoren in den zwischenmenschlichen Beziehungen zum Auftreten der Erkrankung führt. Dass getrennt aufgewachsene, eineiige Zwillinge ebenso häufig (ca. 60 %) an Schizophrenie erkranken, wie zusammen aufgewachsene eineiige Zwillinge, ist eines der wichtigsten Argumente für eine genetische Ursache. Ein einzelnes Gen ist offensichtlich nicht verantwortlich für die Erkrankung, es sind jedoch mehrere Risikogene bekannt.

In der Psychopathologie des schizophrenen Menschen geht es immer um das Ich bzw. Selbst, also um den Kern der Persönlichkeit, „das Kostbarste, was ich habe" (Originalzitat einer Patientin). Dieses Ich fühlt sich zusehends bedroht und ist zunehmend weniger in der Lage, Wichtiges von Unwichtigem zu unterscheiden bzw. zu filtern. Alles hat eine erhöhte Bedeutung und wird mit gespannter Aufmerksamkeit betrachtet – wie in der hysterisierten Mediengesellschaft der Postmoderne. In einem weiteren Stadium der Erkrankung kommt es zum Spüren der Ich-Demarkation, die Ich-Grenzen lösen sich zusehends auf und das

> *„Vor Koch hat der Bazillus keine reale Existenz."*
> **Bruno Latour**

konsistente Selbst wird fragmentiert. Gewissheiten über sich und die Welt erscheinen dem Patienten fragwürdiger, auch offensichtliche Wahrheiten und Objektivitäten sind im Schwinden begriffen – wie bei den Philosophen der Postmoderne, die selbst physikalische Realitäten vom gesellschaftlichen Diskurs abhängig machen wollen.

Auf dem Höhepunkt eines schizophrenen Schubes zeigt sich ein unkorrigierbarer Wahn, wie Gender-Mainstreaming, die fixe Idee der postmodern Verwirrten, dass es ein biologisches Geschlecht gar nicht gebe.

Die Auflösungsprozesse innerhalb der schizophrenen Psychose und innerhalb der postmodernen Gesellschaft sind nicht nur nahezu deckungsgleich, sondern sie haben auch die gleichen schwerwiegenden Folgen – logischerweise erhöhte Irritabilität und mangelnde Belastbarkeit.

Pluralisierung des Handelns, Pluralisierung von Orientierungen, Überwindung von Identitätszwängen, alltägliche Identitätsarbeit, Entgrenzung individueller und kollektiver Lebensmuster, endlose Suche nach Identität, virtuelle Welten, plötzlich der Glaube, die Realität bestehe nicht unabhängig vom Beobachter – was bleibt da noch übrig als die Konstruktion einer Privatwirklichkeit, auch Wahn genannt, um nicht den Überblick zu verlieren. Wie in der schizophrenen Psychose.

Zivilisation –
Ein neues Konzept

Mitte der 1970er Jahre erschien das Buch des amerikanischen Soziologen Richard Sennett über *Verfall und Ende des öffentlichen Lebens*, Untertitel *Die Tyrannei der Intimität*. Darin beklagt der Autor u. a., dass der moderne Mensch der westlichen Welt überwiegend mit sich selbst beschäftigt sei. Er sieht Parallelen zur römischen Geschichte ab Kaiser Augustus. Angesichts dessen ist man fast bei dem Sozialstaat, den der ehemalige Bundesaußenminister und FDP-Politiker Guido Westerwelle als spätrömisch dekadent bezeichnet hat. Allzu große Differenzen zwischen dem kapitalismuskritischen Soziologen und dem liberalen Politiker liegen in der kulturhistorischen Betrachtung offensichtlich nicht vor.

Sich selbst kennenzulernen dient nicht mehr dazu, ein Mittel zu sein, um die Welt zu verstehen, sondern ist zu einem Selbstzweck geworden. Sennett kritisiert die Durchpsychologisierung der Gesellschaft, der zufolge es nicht mehr darauf ankomme, was man tut, sondern darauf, wie man sich dabei fühlt oder was das gerade „mit einem macht". Gepaart wird dies mit der säkularen Erwartung, dass alles wichtig sei, weil es wichtig sein könnte.

Sich selbst kennenzulernen dient nicht mehr dazu, ein Mittel zu sein, um die Welt zu verstehen, sondern ist zu einem Selbstzweck geworden.

Spätestens ab diesem Punkt wird es kompliziert, denn wenn alles wichtig ist, gibt es keine Trennung mehr von Unwichtigem. Doch Sennett will schon vorher eine Neuorientierung, haut das narzisstische Selbst vom Sockel und entwirft ein neues Zivilisationskonzept. Als zivil gilt nun, die Mitmenschen mit dem eigenen Selbst und seinen Problemen zu verschonen. Denn immer zahlreicher wird die Zahl von Gruppen in der Gesellschaft, die lauthals schreiend auf ihre Benachteiligungen aufmerksam machen. So gut wie nie wird mal die Frage gestellt: Wer kümmert sich eigentlich um die, die es nicht mehr hören können? Eben dieses neue, radikale, aber nachdenkenswerte Konzept. Gemessen daran befinden wir uns im Moment im Zustand der tiefsten Barbarei, wo jeder Tiffeltöffelkram zur traumatischen Erfahrung stilisiert wird. Bei der es nicht mehr auf das Handeln ankommt sondern darauf, was man dabei spürt. Wo Supervisionen und Meetings sich die Hand reichen. Sennetts Zivilisationskonzept steht unserer therapie- und kommunikationssüchtigen Gesellschaft derart diametral gegenüber wie etwa der pragmatische Altkanzler dem Paradiesvogel Nina Hagen. Und es sind gewiss paradiesische Zeiten für Therapeuten, Coaches, Berater und deren „Literatur". So stieg der Anteil an Selbsthilfeliteratur im Ratgeberbereich in den USA zwischen 1972 und 2000 von 22 auf 50 %. Die Entwicklung in Deutschland dürfte nicht viel anders sein. Die entsprechenden Lösungsvorschläge sind genau auf die Lebenswirklichkeit zugeschnitten und sofort umsetzbar – sich spüren, tiefer wahrnehmen, achtsam und fürsorglich mit sich umgehen, die Wohnung nach Feng Shui einrichten, sich einen Hund kaufen, diesen zur Arbeit mitnehmen, damit ein harmonisches Betriebsklima entsteht, streng auf die Einhaltung der Arbeitszeit achten, keine Überstunden mehr machen, sich alle 20 Minuten fragen, ob einem dieser Mitarbeiter oder jene Arbeit auch wirklich gut tut, über den Betriebsrat eine Antistressverordnung einbringen, Handy ausschalten und sich selbst energetisch aufladen,

Es ist die säkulare Erwartung, dass alles wichtig ist, weil es wichtig sein könnte.

neben der Work-Life-Balance auch die spirituelle Balance finden – und schon lässt sich so richtig schön Kariere machen. Und das Wichtigste nicht vergessen: Immer schön kommunizieren und verbalisieren. Alles ist gleich wichtig und einfache Lösungen stehen unter Generalverdacht. Schließlich ist der Mensch hochkomplex. Von seiner Psyche ganz zu schweigen. Oder doch nicht?

Das Beispiel der ganz einfachen Vereitelungsmöglichkeit von Frühberentung von Lehrern weckt Zweifel an diesem psychologischen Mythos. Bis 2003 stand der Anteil der Lehrer, die das vorgesehene Alter für den Ruhestand erreichten, nur noch bei knapp 10 %. Das vorzeitige Ausscheiden geschah meist wegen einer psychischen „Erkrankung" im Sinne von Burn-out. Aus 10 % wurden aktuell 65 %. Nicht durch Coachen, nicht durch Supervision, nicht durch Psychotherapie, sondern sehr wahrscheinlich alleine dadurch, dass die Versorgungsabschläge bei frühzeitiger Pensionierung höher gesetzt wurden. Man kann es auch die Brutalität des Faktischen nennen. Wäre das Sennett'sche Zivilisationskonzept in unserer Kultur fest verankert, gäbe es weder Frühpensionierung noch Burn-out oder andere Luftnummern der Befindlichkeitsstörung, die es immer leichter haben, wie selbstverständlich in psychiatrische Klassifikationssysteme hineinzuschlüpfen.

Zahlreiche Studien zeigen, dass gerade nichtachtsamer Umgang bei der Genesung hilfreich ist.

Mit Potenzierungspotential. Natürlich ermöglicht Psychotherapie den einen oder anderen wieder in die Arbeit zu bringen. Aber andererseits ist der sekundäre Krankheitsgewinn (krankgeschrieben und nicht mehr arbeiten zu müssen) für viele so verlockend, dass auch empathisch-kommunikative Hochartistik diese Individuen nicht erreichen wird.

Die Worte Sigmund Freuds in *Die Zukunft einer Illusion* waren eindcutig:

> *... denn die Massen sind träge und einsichtslos, sie lieben den Triebverzicht nicht, sind durch Argumente nicht von dessen Unvermeidlichkeit zu überzeugen und ihre Individuen bestärken einander im Gewährenlassen ihrer Zügellosigkeit.* [19]

Da wir offensichtlich Zeiten des Mangels zu erwarten haben, wird Sennetts Zivilisationskonzept immer wahrscheinlicher. Natürlich werden jetzt die Achtsamkeitsaspiranten aufschreien und eine drastische Zunahme der psychosomatischen Krankheiten beklagen. Doch auch für die Achtsamkeit gilt, was für alle verherrlichten Ideen gilt, die zu einer bestimmten Zeit in einer bestimmten Gesellschaft zu einem schillernden rosa Elefanten aufgeblasen werden. Man kann nicht skeptisch genug sein. So haben zahlreiche Studien gezeigt, dass gerade ein nichtachtsamer Umgang bei der Genesung hilfreich ist. Israelische Kardiologen teilten Patienten nach Herzinfarkten in zwei Gruppen ein: In der einen machten die Patienten weiter wie bisher. In der Anderen hielten sie sich peinlich genau an die therapeutischen Empfehlungen, hörten dauernd in sich hinein und beobachteten achtsam ihren eigenen Zustand. Das Ergebnis war, dass die Nicht-Achtsamen länger lebten.

So ist das nun mal mit rosa Elefanten: Ihre Häufigkeit und der Glaube an sie wird alleine dadurch entschieden, ob sich eine Gesellschaft dies erlauben kann. Die Zukunft gehört aber nicht den rosa Elefanten. Dafür rückt Sennetts Zivilisationskonzept allmählich näher.

Epilog

Die Welt wird immer komplizierter, die Menschen leiden daran immer mehr. Oder: Die Welt wird immer verrückter, die Menschen spinnen immer mehr, um es mit den Worten von Peter Scholl-Latour auszudrücken. Dass Naturwissenschaften immer komplexere Zusammenhänge beschreiben, ist nicht das eigentliche Problem, ist auch unvermeidbar, sondern dass irrationale Theorien mit fast religiöser Inbrunst erbaut werden, aber niemals religiöse Bedürfnisse erfüllen können. Die Psychoanalyse reduziert den Menschen auf sexuelle Konflikte und sieht in den Eltern die Generalschuldigen sowie die Kindheit als Brutstätte zukünftiger psychischer Probleme. Doch wer die Kindheit zum Lebensthema macht, verfehlt eben das Leben. Die Psychoanalyse macht das Private zum Riesenthema, und aus Milliarden von Privatthemen konstruierten sich die entsprechenden Anhänger, denen die analytische Theorie allmählich zu eng geworden war, ihre Privatwirklichkeit zurecht. Es waren die enttäuschten Kinder der Aufklärung, die die Naturwissenschaften für Auschwitz und Hiroshima verantwortlich machten, was ungefähr so logisch ist wie ein Gewehr für einen Mord verantwortlich zu machen und nicht den Schützen. Diese enttäuschten Kinder

Irrationale Theorien werden mit fast religiöser Inbrunst erbaut, werden aber niemals religiöse Bedürfnisse erfüllen können.

kreierten die postmoderne Philosophie, die meint, dass die Realität von subjektiven Vorstellungen und Ideen bestimmt werde und es ein objektives „da Draußen" gar nicht gebe. Wer sich so von der Realität verabschiedet hat, kann auch meinen, dass es auch kein biologisches Geschlecht gebe, sondern Ergebnis eines gerade angesagten gesellschaftlichen Diskurses sei. Auch ohne in die Nazi-Falle zu treten kann man dieses Denken als entartet bezeichnen, wenn man sich die Historie dieses Begriffes vor Augen führt. Es war im Wien der vorletzten Jahrhundertwende ein Modewort in der Bedeutung von „aus der Art geschlagen" und war schon damals nicht neu. Schon in der Klassik wurde es verwendet, wenn auch deutlich weniger. Die Renaissance dieses Wortes in der Wiener Moderne hing mit der Popularität der Darwin'schen Evolutionstheorie zusammen. Analog hierzu wurde die Hinwendung zum Primitiven in der Kunst als „entartet" bezeichnet, da man dies als eine Abkehr vom natürlichen Fortschritt auffasste. Der jüdische Arzt Max Nordau, der mit Theodor Herzl einer der Begründer des Zionismus war, verteidigte in seinem 1892/93 erschienenen Buch *Entartung* die Werte der Aufklärung, Rationalität und Wissenschaft und geißelte die damals angesagte Kunst als „... Ergebnis (...) von Entarteten und Hysterikern (...) die den Namen der Freiheit im Munde [führen], wenn sie ihr faules Ich als ihren Gott ausrufen ...“ Entartung war für ihn Subjektzentrismus und die Setzung des Gefühls über den Verstand. Später pervertierten die Nazis den Begriff in ihrem Sinne und bezeichneten (u. a.) das Judentum als entartet.

Strömungen der postmodernen Philosophie und Gender-Mainstreaming sind die Hauptsäulen der Reflexivkultur. Sie haben dazu geführt, dass im Westen orientierungslose Massen aus atomisierten Individuen entstanden sind, für die die Wirklichkeit ein psychosoziales Konstrukt ist. Diese Theorien und diese aus ihr erwachsene Kultur des beständigen Hinterfragens und Reflektierens, auch wenn es schon lange nichts mehr zu hinterfragen gibt, leisten nicht den geringsten Beitrag zu drängenden Lösungen globaler oder regionaler Probleme, sei es Überalterung oder Naturverschmutzung.

Insbesondere die postmoderne Philosophie begünstigt Esoterik und Mystizismen aller Art, die aus Zeiten des Dämonenglaubens und der Hexenverbrennung stammen. Eigentlich glaubte man, diese Zeit überwunden zu haben. Damit die Auferstehung dieser Zeiten nicht gelingt, sollten wir zu den Werten der Aufklärung zurückkehren, dem logischen Denken und der Kultur des Einfachen eine Renaissance gewähren. Jenseits von Psychoboom und Reflexivkultur die „Losschlagkultur" wieder ein klein wenig zum Zuge kommen lassen. Doch was heißt das nun konkret, wie Maybrit Illner es in ihren Polittalkshows so schön formuliert, damit aus Politphrasen Klartext wird? Bleiben wir doch ein klein wenig auf der politischen Ebene. Wie wäre es z. B. mit der Abschaffung des Föderalismus? Funktioniert in anderen Ländern schließlich auch. Keine sich ständig ablösenden Landtagswahlkämpfe mehr (bei 16 Bundesländern findet durchschnittlich alle Vierteljahre eine Landtagswahl statt, was zur Lähmung der politischen Arbeit der Bundesregierung führt), kein endloses Hin und Her zwischen Bundestag und Bundesrat, keine verkomplizierenden Ausnahmen und Sonderregelungen, sondern alle vier Jahre ein Wahlkampf. Natürlich mit einem einfachen Mehrheitswahlrecht und einer Zehnprozent-Klausel, dann braucht man sich mit Sozialutopisten und sonstigen Illusionisten von vornherein nicht mehr auseinanderzusetzen. Der amerikanische Politikwissenschaftler Francis Fukuyama, der vor 25 Jahren mit seinem Essay *Das Ende der Geschichte* reüssierte, weil er meinte, dass die liberale Demokratie sich durchgesetzt habe, prägte in diesem Zusammenhang den Begriff „Vetocracy". Damit meinte er, dass die westlichen Demokratien es geschafft haben, in ihren politischen Systemen bzw. in ihren jeweiligen Verfassungen so viele Kontrollsysteme einzubauen, dass es gut organisierten Minderheiten immer wieder gelingt, Entscheidungen der Mehrheit zu blockieren.

In der Kultur des Einfachen wird es auch keinen betonierten Kündigungsschutz mehr geben, der eine Hauptursache für Mobbing ist. Ganze Abteilungen von Ämtern und Behörden sind in ihrer Arbeit mehr oder weniger lahmgelegt, da sie nur mit schwierigen und inkompetenten Mitarbeitern beschäftigt sind, die per definitionem unkündbar sind. Auch Umbesetzungen kommen da schnell an ihre Grenzen angesichts permanenter Personaleinsparungen. Statt durch eine konsequente Kündigung einen Schlussstrich zu ziehen, werden endlos quälende Supervisionen, Teamgespräche, Rückkehrgespräche, Gespräche mit Betriebsrat, Arbeitspsychologen, Gleichstellungs- und Behindertenbeauftragten geführt (eine unglaubliche Vergeudung von Zeit, Geld und psychischer Energie), statt einfach zu sagen: Du bist hier *Wer die Kindheit zum Lebensthema macht, verfehlt das Leben.* fehl am Platz. Stattdessen werden die, die sich das Burnout-Schild auf die Stirn genagelt haben, in Talkshows vom Publikum im Reflexivdelir beklatscht. Schwierige und komplizierte Mitarbeiter, die die Gerichte bemühen, haben dann gute Karrierechancen in der ebenso komplizierten deutschen Justiz mit über 100.000 Paragrafen, zum Prozesshansel aufzusteigen. Übrigens handelt es sich hier um ein urdeutsches Phänomen. In angloamerikanischen Ländern mit einem deutlich einfacheren Rechtssystem ist der Prozesshansel so gut wie unbekannt. Früher wurden Großprojekte in Angriff genommen, heute die vorzeitige Berentung. Jenseits der Reflexivkultur wird die Arbeit als solche wieder im Mittelpunkt stehen. Der Arbeitsplatz wird nicht mit einem Therapieplatz verwechselt.

Die Lebenswirklichkeit wird nicht zum Spielfeld linksliberaler Kopfgeburten, wie es derzeit bei der Inklusion der Fall ist. Ähnlich der Prohibition in den USA (1919-1933) ist sie ein klassisches Beispiel dafür, wie eine gutgemeinte Idee von oben herunter jenseits des Realisierungsprinzips durchgesetzt werden soll. Jeder Lehrer weiß, wie schwierig schon die Normalbedingungen sind, wo es bei Durchsetzung von Autorität keinen Rückhalt von oben gibt, wo das gesamte pädagogische Potential allein dafür benötigt wird, im Unterricht eine ruhige Atmosphäre zu schaffen und die Vermittlung von Inhalten danach schon nicht mehr möglich ist. Und das soll bei gleichzeitigem Unterricht von geistig Behinderten und normalbegabten Schülern besser funktionieren? Auch wenn sozialdemokratische und grüne Politiker noch so oft die Vorteile der Inklusion predigen – die direkt betroffenen Lehrer können in einem Gespräch unter vier Augen nur noch den Kopf schütteln.

Jenseits der Reflexivkultur wird es wieder um Projekte und Ideen gehen und nicht darum, wer was wann gesagt und wie gemeint hat. Nicht „was macht das mit mir", sondern „wie mache ich es unter den Umständen" wird wieder Priorität haben. Oder, um es mit den leicht veränderten Worten von Antoine de Saint-Exupéry auszudrücken: Leben heißt nicht, nach innen zu schauen bis man nichts mehr sieht, sondern Leben heißt, nach vorne zu schauen.

> *„Glück ist eine Überwindungsprämie"*
>
> **Hermann Scherer**

Literaturverzeichnis

Adam, Klaus-Uwe: Die Psyche der Deutschen, Pathmos 2007

Blech, Jörg: Schwermut ohne Scham, Der Spiegel 6/2012

Bode, Sabine: Kriegsenkel, Klett-Cotta 2009

Bode, Sabine: Die vergessene Generation, Klett-Cotta 2004

Bonner, St./Weiss, A.: Doof it Yourself, Bastei Lübbe 2009

Bunnag, Jane: zitiert nach Scholl-Latour, Peter: Die Angst des weißen Mannes, Ullstein 2009, S. 314f [18]

Butler, Judith: Das Unbehagen der Geschlechter, edition suhrkamp 1991, S. 23/24 [7], S. 36f [8], S. 61 [9], S. 218 [10]

Euler, Leonhard: Briefe an eine deutsche Prinzessin über verschiedene Gegenstände aus der Physik und Philosophie, Braunschweig 1986. Aus: Sokal, A./Bricmont, J.: Eleganter Unsinn, C.H. Beck 1999, S. 71 [4]

Fleischhauer, Jan: Unter Linken, Rowohlt 2009

Francis, Allen: Normal: Gegen die Inflation psychiatrischer Diagnosen, DuMont 2013

Freud, Sigmund: Massenpsychologie und Ich-Analyse. Die Zukunft einer Illusion, Fischer Verlag 1993 [19]

Fried, Amelie: Frau Fried fragt sich ... ob wir in einer Wohlfühldiktatur leben, Cicero 12/2012

Friedell, Egon: Kulturgeschichte der Neuzeit, C.H. Beck 1989

Fuchs, Thomas: Psychopathologie der Hyperreflexivität, Akademie Verlag 2011

Fukuyama, Francis: Das Ende der Menschen, dtv 2004, S. 67 [1]

Gourevitch, P.: The Memory Thief, The New Yorker, Juni 1999

Grill, Bartholomäus: Die Partei des Gestern, Der Spiegel 18/2014

Hamann, Brigitte: Hitlers Wien, Piper 1998

Han, Byung-Chul: Transparenzgesellschaft, Matthes & Seitz 2012

Hanimann, Joseph: Ist „Feuerwehrfrau" ein absurder Beruf?, Süddeutsche Zeitung 31.1.2014

Hart, Judith: „Amerikas System hat zu viele Kontrollen", Cicero 08/2014

Hillert, Andreas: Burnout – Zeitbombe oder Luftnummer, Schattauer Verlag 2014

Illouz, Eva: Die Errettung der modernen Seele, Suhrkamp Verlag 2009, S. 244-248 [11][12][13]

Irigaray, Luce: Eine Chance zu leben: Grenzen des Begriffs des Neutrums und des Allgemeinen in den Wissenschaften und den Wissenschaftserkenntnissen, in: Genealogie der Geschlechter, Freiburg 1989 [3]

Jong, Erica: Angst vorm Fliegen, S. Fischer 1976

Jünger, Ernst: Der Arbeiter, Hanseatische Verlags-Anstalt 1932 [17]

Sören Kierkegaard: Gesammelte Werke 15. Abteilung, Stadien auf des Lebens Weg, Eugen Diedrichs Verlag, Düsseldorf/Köln 1958, S. 20 [14]

Kuby, Gabriele: Die globale sexuelle Revolution, fe-medienverlags GmbH 2012

Lacan, Jaques: Of Structure as an Inmixing of an Otherness Prerequisite to any Subject Whatever, in: Richard Macksey und Eugenio Donato (Hrsg.), The Language of criticism and the siences of Man, Baltimore 1970 [2]

Lempa, Günter/Troje, Elisabeth (Hg.): Gesellschaft und Psyche, Vandenhoeck & Ruprecht 2002

Leo, Peer: Der Wille zum Wesen, Mathes und Seitz 2013

Linden, Michael: Arbeitsunfähigkeit bei psychischen Störungen. Der Nervenarzt, November 2005

Martenstein, Harald: Schlecht, schlechter, Geschlecht. ZeitMagazin 24/2013, [5]

Mentzos, Stavros.: Die bemerkenswerte Korrespondenz zwischen der Selbstfragmentierung in der Psychose und der Dezentrierung und Inkonsistenz in der Postmoderne. In: Lempa/Troje (Hg.): S. 32-50

Merten, Thomas u. Dettenborn, Harry: Diagnostik der Beschwerdenvalidität, Deutscher Psychologen Verlag 2009

Musil, Robert: Ges. Werke, Bd. 2, Rowohlt 2000 [6]

Morris, Ian: Krieg, Campus 2013

Neubacher, Alexander: Der Trottel als Leitbild, Der Spiegel 40, 2014

Nordau, Max: Entartung, Band II, Berlin 1893

Onfray, Michel: Antifreud, Knaus 2010

Richter, R.: Trauer ist keine psychische Krankheit, Pressemitteilung der Bundespsychotherapeutenkammer, Berlin 17.05.2013 [16]

Saleci, Renata: Die Tyrannei der Freiheit, Karl Blessing Verlag 2014

Sarrazin, Thilo: Deutschland schafft sich ab, Deutsche Verlags-Anstalt 2010

Scharfetter, Christian: Schizophrene Menschen, Urban & Schwarzenberg 1990

Schmidt, Helmut: Außer Dienst, Siedler 2008

Schneider, Reto U.: Das Buch der verrückten Experimente, Goldmann 2004

Schulz, Matthias: „Die Polizei, deine Freundin", Der Spiegel, 13/2014

Selasi, Taiye: Das Land meiner Mutter versagte, Der Spiegel 21/2014

Sennett, Richard: Verfall und Ende des öffentlichen Lebens: Die Tyrannei der Intimität, Fischer Taschenbuch 2004

Sloterdijk, Peter: Im Weltinnenraum des Kapitals, Suhrkamp 2005

Sloterdijk, Peter: Sphären III, Suhrkamp 2004

Sokal, Alan; Bricmont, Jean: Eleganter Unsinn, C.H. Beck 1999

Spitzer, Manfred: Geschlecht - Ideologie oder Wissenschaft? Nervenheilkunde 6/2014

Steingart, Gabor: Das Ende der Normalität, Piper 2011

Stephan, Cora: Der Betroffenheitskult, rororo 1994

Streeck, Ulrich: Generalisierte Heiterkeitsstörung, Forum der Psychoanalyse, Springer Verlag 2000

Szasz, Thomas S.: Schizophrenie – das heilige Symbol der Psychiatrie, Fischer Taschenbuch Verlag 1982

Umstrittene Äußerungen: Verteidigungsminister irritiert eigene Truppe, Spiegel online, Politik, 24.02.2013 [15]

Venzlaff, U., Foerster, K.: Psychiatrische Begutachtung, Elsevier 2004

Vollmoeller, Wolfgang: Grenzwertige psychische Störungen, Thieme 2004

Von der Ach, Andreas: Völkerpsychologie, Verlag Antaios 2014

Voß, B.: Kleines Lexikon psychologischer Irrtümer, Gütersloher Verlagshaus 2012

Voß, B.: Der Ruhestand – Das süße Gift, Berliner Wissenschafts-Verlag 2013

Voß, B.: Burnout-Innenansichten, Glosse, Deutsches Ärzteblatt Ausgabe 8, 2014

Voß, B.: Wir müssen Achtsam sein – oder: Der Achtsamkeitsfimmel, Glosse, Neurotransmitter Ausgabe 5, 2014

Voß, B.: Vereinbarkeitswahn – Beruf und Familie (und vieles mehr) müssen vereinbar sein, Glosse, Neuroaktuell Ausgabe 5, 2014

Watzlawick, Paul: Wie wirklich ist die Wirklichkeit?, Piper Verlag 1976

Wehrle, Martin: Ich arbeite in einem Irrenhaus, Econ 2011

Weischedel, Wilhelm: Die philosophische Hintertreppe, dtv 1975

Wilkomirski, B.: Bruchstücke. Aus einer Kindheit zwischen 1939 – 1945, Suhrkamp 1995

Zimmermann, M., Spitz, Ch., Schmidt, St.: Achtsamkeit, Hans Huber 2012

Das Buch für alle, die spüren, dass hierzulande etwas gewaltig schiefläuft.

DAS SCHLECHTE AM GUTEN

Maternus Millett

Weshalb die politische Korrektheit scheitern muss

SOLIBRO KLARSCHIFF

Für die, die etwas ganz anderes wahrnehmen, als die von Medien, Wissenschaft und Politik konstruierte „Realität". Es zeigt, dass bisher alle Versuche, das Paradies auf Erden zu installieren, sowie das „absolut Gute" zu tun, immer zu Terror und Zerstörung geführt haben. Es ruft dazu auf, Freiheit auszuhalten und sich nicht Ideologien wie der politischen Korrektheit zu unterwerfen.

Maternus Millett:
**Das Schlechte am Guten.
Weshalb die politische
Korrektheit scheitern muss.**
Münster: Solibro Verlag 2011
[Klarschiff Bd. 4]
ISBN 978-3-932927-46-1
Broschur • 256 Seiten
E-Book: eISBN 978-3-932927-61-4

mehr **Infos & Leseproben:**
www.solibro.de

Der kompromiss-
lose Vergleich
vermittelt erstaun-
liche Erkenntnisse,
die schmunzeln
lassen. – Wenn es
nur nicht so
verdammt ernst
wäre ...

Ist die Entwicklung vom DDR-
System zur EU eine Verbesse-
rung? Aber ja! Nur ganz anders, als Sie vermuten. Folgen
Sie dem boshaften Satiriker
Bernd Zeller beim Systemver-
gleich. Ob Toilettenpapier,
Parlament, Autos oder Überwa-
chung – für jedes Kriterium gibt
es einen Punktsieger.

Bernd Zeller:
**Hat sich die Wende überhaupt
gelohnt? Der große Vergleich
DDR - EU**
Münster: Solibro Verlag 2014
[Satte Tiere Bd. 2]
ISBN 978-3-932927-87-4
Taschenbuch • 128 Seiten
E-Book: eISBN 978-3-932927-88-1

mehr **Infos** & **Leseproben**:
www.solibro.de

Das erste Buch für Männer, die sich mit Zicken einlassen. Und für Frauen, die unter Zicken leiden.

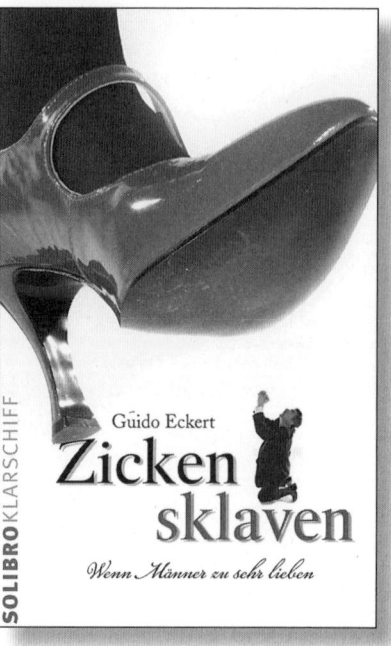

Erstmals erklärt ein Buch, was genau in den Köpfen von Zicken vorgeht. Jenen Wesen, die mehr und mehr zum dominanten Ideal moderner Weiblichkeit werden – und in so mancher (Männer-) Seele Spuren der Verwüstung hinterlassen.

Es wurde Zeit für ein Buch, das das Weltbild und die Strategien moderner Zicken entlarvt.

Karrierefrau als Schönheitsideal, Kalte Sexualität oder *Schleichende Unterwerfung des Mannes* sind nur einige brisante Aspekte, die dieses Buch beleuchtet.

Guido Eckert:
Zickensklaven.
Wenn Männer zu sehr lieben.
Münster: Solibro Verlag 2009
[Klarschiff Bd. 1]
ISBN 978-3-932927-43-0
Broschur • 256 Seiten
E-Book: eISBN 978-3-932927-59-1

**Der erste Rat-
geber, der zeigt,
dass Weisheit
erlernbar ist.**

Eine weit verbreitete Ansicht
geht davon aus, dass Weisheit etwas sei, das sich zwar
mühsam, aber automatisch mit
zunehmendem Alter einstelle.
Diese Ansicht ist in zweierlei
Hinsicht falsch.

Zum einen ist nicht jeder Greis
zwangsläufig weise. Und zum
anderen lässt sich Weisheit
kultivieren und auch schon in
jüngeren Jahren praktizieren.

Dieses Buch zeigt konkret,
welche Blockaden im Denken
gelöst werden müssen, um weise zu werden. In 10 Schritten.
Ohne Vorkenntnisse, für
jeden Bildungsgrad.

Guido Eckert:
**Der Verstand ist ein durch-
triebener Schuft. Wie Sie
garantiert weise werden**
Münster: Solibro Verlag 2010
[Klarschiff Bd. 3]
ISBN 978-3-932927-47-8
Broschur • 256 Seiten
E-Book: eISBN 978-3-932927-60-7

mehr **Infos & Leseproben:**
www.solibro.de

»Leben Sie noch oder nostalgieren Sie schon? «

Frank Jöricke ist dem Zeitgeist auf der Spur. Er erklärt, dass früher zwar nicht alles besser, aber vieles anders war. Und warum Grönemeyers Frage, »Wann ist ein Mann ein Mann?«, noch immer nicht beantwortet ist. Und wie es um die heute Dreißig-, Vierzig- und Fünfzigjährigen bestellt ist.

Frank Jöricke:
Jäger des verlorenen Zeitgeists. Frank Jöricke erklärt die Welt
Münster: Solibro Verlag 2013
[Klarschiff Bd. 5]
ISBN 978-3-932927-55-3
Broschur • 224 Seiten
E-Book: eISBN 978-3-932927-62-1

mehr **Infos & Leseproben:**
www.solibro.de

Von Neurosen, Phobien und andere Psychosen –
Eine Polemik

Wenn Schüchternheit plötzlich »soziale Phobie« heißt und therapiewürdig geworden ist, sollten die Alarmglocken schrillen. Burkhard Voß nimmt in diesem Buch seinen eigenen Berufsstand aufs Korn: Er beleuchtet über 150 Themen und zieht dem Zeitgeist einmal so richtig die Ohren lang. Es bietet allen, die sich von dieser Thematik förmlich überrollt fühlen, Aufklärung und Orientierung im Dschungel der Psychotherapie. Polemisch und informativ, brisant und dabei auch noch unterhaltsam ist es Zündstoff der besonderen Art.

Burkhard Voß
**KLEINES LEXIKON
PSYCHOLOGISCHER
IRRTÜMER**
Von Abhängigkeit bis
Zwangsneurose
144 Seiten / gebunden
ISBN 978-3-579-06577-9